协同创新

首都文化科技融合发展模式

许立勇 编著

红旗出版社

目 录
Contents

第二章 首都文化科技融合协同创新模式分析

第三章 首都文化科技融合协同创新重点领域分析

第四章 首都文化科技融合协同创新对策分析

参考文献 / 137

附 录

文化科技融合协同创新研究概述

一、问题的提出

"文化科技融合"与"文化产业发展"已经成为广大共识，世界各国尤其是发达国家争相将其作为发展的重点方向。创意经济是文化与科技融合的结晶与载体，是文化与科技融合的理论创新与前沿实践成果。1998年，英国政府提出"创意经济"概念，此后，部分发达国家和地区陆续提出创意立国或以创意为基础的经济发展模式。同时，西方理论界也掀起了研究创意经济的热潮，从研究"创意"本身，逐渐延伸到"创意产业""创意资本"，又拓展到"创意经济"，逐渐聚焦在"创意阶层"。创意经济发展是文化创意与科技创新融会贯通的持续过程，正如经济学家熊彼特（1934）指出的那样，现代经济发展的根本动力是创新，而不是资本和劳动力。

党的十九大报告指出，要推动文化事业和文化产业发展，健全现代文化产业体系和市场体系，创新生产经营机制，完善文化经济政策，培育新型文化业态。文化科技融合成为我国文化经济领域的一个关键词。2020年，全国文化及相关产业增加值为44945亿元，比2017年增长了10223亿元，占国内生产总值（GDP）的比重为4.43%，比2017年增长了0.23个百分点；分行业看，2020年全国文化服务业增加值为28874亿元，占文化及相关产业增加值的比重为64.2%，比上年提高0.9个百分点；文化制造业增加值为11710亿元，占比为26.1%，比上年下降0.8个百分点；文化批发和零售业增加值为4361亿元，占比为9.7%，比上年下降0.1个百分点。[1] 增强我国文化产业整体实力和竞争力,提高我国文化产业规模化、集约化、专业化水平,迫切需要加快文化科技融合创新。

文化和科技作为城市发展的高端领域,文化科技融合成为城市发展的必然趋势。自北京市提出建设中国特色世界城市以来,以信息技术为核心的科技手段和以文化创意产业为增长点的经济增长方式就将两者紧密联系在一起。目前北京市文化科技发展具有以下方面特征:

1. 新产业发展迅速

根据国家统计局测算,2017 年北京全市文化产业实现增加值 2700.4 亿元,是 2004 年的 7 倍,13 年间年均增长 16.1%。[2]2020 年 11 月,北京市社会科学院和社会科学文献出版社发布《北京蓝皮书》系列报告、集刊和论丛,报告显示,2022 年 7 月 26 日,《北京文化产业发展白皮书》发布,2020 年北京市文化产业实现增加值 3770.2 亿元,占地区生产总值的比重 10.5%,稳居全国第一。[3] 北京文化产业发展客观上已经出现了增量(新兴产业)发展超过存量(传统产业)、科技引导产业增量发展的态势。

文化创意产业以占用少量的资产获取较高的资产收益率,文化创意产业的高速发展为北京市创造了财富。科技型创意产业的资产收益率与文化创意产业整体水平相比,表现出明显优势。

2. 科技成果在文化产业中应用强劲

北京作为科技中心,科技成果转化与应用水平体现了科技与文化等相关产业的融合程度。软件、网络服务、动漫、规划设计等优势行业成为北

---

[1] 统计局网站.2020年全国文化及相关产业增加值占GDP比重为4.43%[EB/OL].
    (2021-12-30)[2022-09-08].http://www.gov.cn/xinwen/2021-12/30/
    content_5665353.htm.

[2] 马瑾倩.北京市文化产业增加值十三年翻7倍[EB/OL].(2019-09-26)[2022-09-
    08].https://www.bjnews.com.cn/news/2019/09/26/630061.html.

[3] 李洋,王海欣.《北京文化产业发展白皮书(2022)》发布[EB/OL].(2022-07-26)
    [2022-09-08].https://news.bjd.com.cn/2022/07/26/10123536.shtml.

京文化创意产业技术输出的主要力量。技术对于创意产业的竞争力正在显现，尤其表现在无线互联网、电子商务、数字出版、物联网、云计算、3D制作、数字娱乐、新媒体发行平台等领域，并使这些领域成为投资热点。

3. 典型行业优势明显

随着互联网技术的普及，传统动漫与科技和相关产业融合产生了大动漫产业，包括动画、电影、电视、新媒体、主题公园等及其衍生产品，并广泛应用于社会生活各个方面。在迅速发展的融合行业中，北京市主要以软件服务、网络、数字出版、演出和新媒体为主。如中关村科技园雍和园在高新技术产业基础上，主要发展数字内容、版权交易和艺术品交易等重点行业，目前已聚集了歌华、西门子、当当网、光线传媒等行业领军企业，形成了以文化金融、文化演艺、影视出版、数字新媒体等版权相关产业及数字内容产业为主导，创意设计、创意旅游等相融合的产业发展格局。

4. 融合深度和新业态发展明显不足

目前的科技型文化创意产业主要存在于产业链的某个环节，文化与科技简单叠加，产业要素尚未深度融合，甚至处于分离状态。科技企业利用文化内容进行广告宣传，文化企业以数字技术为媒介增强产品的传播推广能力，融合后的成熟产品并没有实现文化和科技的有机融合。在演出、影视制作等文化领域，现代灯光、音响和多媒体技术被用于文化展示和宣传，但并未改变文化行业原有的规则和产品性质。在科技领域，新媒体技术增强了文化传播广度和频度，产品形式、销售方式有了新突破，但仍然遵从科技运营模式，缺乏将文化要素和科技要素进行渗透融合的内生模式。

新业态的发展规模取决于融合的创新力度。文化科技融合，不仅仅是将两个领域关联起来，还须通过两者的融合不断创新产生新的创造力，从而形成竞争力。尽管北京市科技型创意产业增长迅速，但仍然以存量增加为主，两者融合产生的新业态增量贡献不甚明显，靠自主创新而产生的新业态少，目前的主要业态形式基本是在复制发达国家的成熟模式，部分行业和领域存在代差。

　　总之，北京市的文化创意产业整体还处在低端状态，竞争力优势不明显。科技对于文化产业尽管已经表现出明显的推动作用，但企业尚未形成核心竞争力。进行北京的文化科技融合协同创新战略与模式研究，是一个时代命题，理论与现实意义很强，具有必要性、紧迫性和开创性。

二、研究背景与意义

（一）研究背景

1. 从国际层面看，首都对本国文化科技融合的辐射与带动能力日益明显

　　近代以来，世界发生的多次科技革命都在改变全球的发展格局。科技既是文化表达的载体和工具，也深刻影响着文化的内涵和性质，也决定着各国在世界发展格局中的序列。文化的每一次革命性进步，都是重大科学技术创新和扩散的结果。在这个过程中，一国的首都发挥着越来越重要的作用，尤其在发达国家，首都往往都是本国的文化科技中心。

　　英国是世界上最早确立"创意产业"概念的国家，伦敦的创意产业在英国乃至世界都占有重要地位。以文化为主体、科技为支撑的创意产业是伦敦的第二大支柱产业，已形成了相对完整的产业链和规模效应。日本文化产业的突出特点是科技含量高，其先进的创意和创新设计理念，借助科技手段转化为极具竞争力的文化产品。据日本动画协会发布的《2021年最新日本动画产业报告（中文版）》，2019年，日本动画产业市场规模达约2.5万亿日元。[1]三维技术、数字技术以及互联网等技术手段的不断创

---

[1] 一般社团法人日本动画协会,融创文化集团,融创文化千万间.2021年最新日本动画产业报告(中文版)[M].杭州:浙江出版集团数字传媒有限公司,2021.

新是日本动漫产业长久不衰的重要动力。

信息技术是新一轮科技革命的核心推动力，文化科技融合已经成为提高国家综合竞争力的重要因素。在这个进程中，由于首都科技、文化上的突出优势，其文化和科技竞争力成为本国文化和科技竞争力水平的重要体现，其对于本国文化科技融合发展的带动和辐射作用日益明显。

2. 从区域层面看，推进北京文化科技协同发展是实现国家战略部署的重要举措

我国作为发展中国家，亟须形成与经济发展水平和国际地位相适应的文化科技优势，提高文化软实力和综合国力。2015 年 7 月国务院《关于积极推进"互联网 +"行动的指导意见》发布。2019 年，科技部、文化和旅游部等六部门印发《关于促进文化和科技深度融合的指导意见》，提出促进文化和科技深度融合，推动文化事业和文化产业更好更快发展。2020年，文化和旅游部发布《关于推动数字文化产业高质量发展的意见》，提出夯实数字文化产业发展基础，培育数字文化产业新型业态等措施，促进数字文化产业创新发展。2021 年，文化和旅游部发布《"十四五"文化和旅游科技创新规划》，提出科技运用更加广泛、科技成果更加丰富、创新主体加快发展等标志性目标。

北京作为首都，是全国的文化中心和科技创新中心，是落实国家文化科技融合战略的重要载体，高度重视文化科技融合发展。《北京城市总体规划（2016 年—2035 年）》明确提出，"发挥中关村国家级文化和科技融合示范基地等文化功能区的示范引领作用，形成分工合理、各具特色的文化功能区空间发展布局"。[1]2020 年，北京市文化改革和发展领导小组办公室发布《关于加快推进国家文化与金融合作示范区发展的若干措施》，为推动北京市文化产业转型升级，构建高精尖经济结构，优化营商环境，

---

[1] 北京日报.《北京城市总体规划（2016年-2035年）》发布[EB/OL].(2017-09-30)
[2022-09-08].http://www.gov.cn/xinwen/2017-09-30/content_5228705.htm.

促进首都文化产业高质量发展提出了 24 条措施。[1]2021 年，北京市文化和旅游局编制印发《北京市"十四五"时期文化和旅游发展规划》，提出全面推进繁荣首都文艺舞台、建设现代公共文化服务体系、打造文化遗产保护传承利用的典范之城等八项重点任务。[2]

北京文化科技融合在京津冀协同发展中有重要作用。2015 年，中央政治局审议通过《京津冀协同发展规划纲要》，指出推动京津冀协同发展是一项重大国家战略，未来京津冀三省市定位分别为，北京市——全国政治中心、文化中心、国际交往中心、科技创新中心；天津市——全国先进制造研发基地、北方国际航运核心区、金融创新运营示范区、改革开放先行区；河北省——全国现代商贸物流重要基地、产业转型升级试验区、新型城镇化与城乡统筹示范区、京津冀生态环境支撑区。[3]2014 年，京津冀文化管理部门签署的《京津冀三地文化领域协同发展战略框架协议》提出，推动三地文化发展实现同城化谋划、联动式合作、协同化发展。

总之，北京作为首都，亟须贯彻落实国家文化科技战略和京津冀协同发展战略。

3. 从智力支持层面看，首都文化科技融合创新发展亟须智库指引与支持

近年来，中央高度重视智库建设，推出一系列重大决策和决定，指引了首都文创智库的发展方向。2013 年 11 月，十八届三中全会通过的《中

---

[1] 张敏.北京推出24条相关措施加快建设国家文化与金融合作示范区[EB/OL].(2020-11-18)[2022-09-08].http://news.cyol.com/app/2020-11/18/content_18854837.htm.

[2] 首都之窗.把握新发展阶段 贯彻新发展理念 构建新发展格局 擘画文化和旅游发展新蓝图 《北京市"十四五"时期文化和旅游发展规划》解读[EB/OL].(2021-10-29)[2023-02-03].http://m.qlwb.com.cn/detail/17852145.html.

[3] 河北日报.京津冀协同发展规划纲要解读[EB/OL].(2015-05-04)[2022-09-08].http://gxt.hebei.gov.cn/hbgyhxxht/zcfg30/zcjd17/637330/index.html.

共中央关于全面深化改革若干重大问题的决定》正式将智库建设提到国家议事日程，提出加强中国特色新型智库建设，"智库"概念首次被载入国家战略。2014年10月，习近平主持召开中央全面深化改革领导小组第六次会议，再次强调改革发展需要强大的智力支持，统筹协调，形成定位明晰、特色鲜明、规模适度、布局合理的中国特色新型智库体系。2015年1月，中共中央办公厅、国务院办公厅印发《关于加强中国特色新型智库建设的意见》，指出实施国家高端智库建设规划，重点建设专业化高端智库。[1]2015年10月，十八届五中全会再次强调和部署"智库"建设，提出发挥智库和专业研究机构的作用，提高决策科学化水平。2017年，民政部、中宣部等九部门联合印发《关于社会智库健康发展的若干意见》，旨在规范引导社会智库健康发展，[2]"智库"建设开始进入任务攻坚期，建设蓝图日渐明晰。2021年3月，《国民经济和社会发展第十四个五年规划和2035年远景目标纲要》再次强调加强中国特色新型智库建设。

文化科技智库是首都智库体系中的重要一环，是中国特色新型智库蓝图中的重要组成部分。然而，首都智库在自身组织建设、理论研究与实践指导等层面，与文化科技迅速发展的实际仍然"跟不上""不适应"，理论创新不足、国际化程度低、组织形式和管理方式亟待创新等问题比较突出，影响了首都文化科技智库作用的发挥。在加强首都文化科技协同创新发展的框架体系中，亟待抓紧抓好首都文化科技智库建设，研究和探索新形势下适合首都文化科技协同创新发展的智库新模式。

---

[1] 中央政府门户网站.中共中央办公厅、国务院办公厅印发《关于加强中国特色新型智库建设的意见》[EB/OL].(2015-01-20)[2022-09-08].http://www.gov.cn/xinwen/2015-01/20/content_2807126.htm.

[2] 新华社.关于社会智库健康发展的若干意见[EB/OL].(2017-05-04)[2022-09-08].http://www.gov.cn/xinwen/2017-05/04/content_5190935.htm.

4. 从市场主体层面看，加强首都文化科技协同创新是企业发展的必然需求

当前，北京亟须发挥科技的支撑和引领作用，创新驱动社会经济发展，提高科技对社会的贡献率，实现社会、经济、科技、文化等的可持续发展，带动京津冀乃至全国的发展。但是，目前北京的文化企业和科技企业融合程度不够。科技型文化企业尚未形成文化要素和科技要素的有机融合，两类企业所需要的资金、人才、环境等仍相互分离。科技型企业以技术研发为主，文化内容主要用于广告宣传；文化型企业利用数字技术进行产品的传播和推广；二者的运营方式仍沿袭各自的传统方式。

新产业的发展规模取决于融合的创新力度。文化科技融合，不仅仅是将两个企业领域关联起来，而且是通过两者的结合不断创新产生新的创造力。文化科技融合需要完善融合驱动机制、提升融合转化方式、培育融合氛围，提升融合品质，形成企业竞争力，引领企业未来发展的趋势。

总之，目前有关文化科技融合的理念基本被认同，实现首都文化科技深度融合，关键是形成以"政产学研"为主体的协同创新模式。文化的繁荣发展离不开科技的支撑，而文化科技成果的涌现是基于文化科技模式、工具、方法的创新，以及文化科技创新体系中各种资源的积聚和要素的高效运用及协同发展。协同创新模式对于激发首都文化科技创新活力，破解首都文化科技融合体系中的机制和体制问题，具有重要意义。

（二）研究意义

1. 理论意义

探究内在机理，为首都文化与科技融合奠定理论基础。文化与科技处于两个不同的领域，在思维模式、方法视角等方面都存在很大的异质性，然而，二者的融合已成为一种不可阻挡的发展趋势。如何从机理上将二者整合起来，发挥二者最大的协同效应，避免二者之间的相斥性，是文化与科技融合理论创新与实践的起点。从这点上来说，探究二者融合的内在机理，探寻二者融合的理论基础，构建二者融合的理论模型，是研究首都文化与科技融合协同创新的理论要点。因此，从哲学层面来说，本研究的理论意义在于实现首都文化与科技之间的"道器相贯"；而从发生学的层面来说，本研究的理论意义在于明晰了首都文化与科技融合的动因与机理。

2. 实证价值

构建融合发展战略，为首都文化科技融合创新发展指引方向。文化与科技的融合，将带来文化与科技产业链的重构，形成融合创新发展战略。本研究对文化科技融合模式展开全面研究，为文化与科技融合的实践发展指引方向。具体而言，实证价值表现在：

（1）对首都相关部门制定和完善文化科技相关政策法规提供建议，以促进和保障文化与科技融合创新；

（2）为首都相关部门制定文化科技发展战略规划提供支撑，引导文化科技产业健康转型和持续发展。

总之，在当前北京建设"四个中心"的进程中，为强化首都城市战略定位，加快文化中心和科技创新中心建设，推进首都科技创新、文化创新融合发展，有必要深入研究首都文化科技融合协同创新机制和融合模式，为相关决策与规划提供依据，为行业发展提供指引。

三、理论分析

（一）文化科技理论分析

1. 文化科技内涵

据原文化部《文化科技工作管理办法》，文化科技是整个文化事业的一个重要组成部分，内容包括：艺术科技，文物保护科技，图书馆科技，外文出版、印刷、发行科技，文化设施、设备、器材的技术规范化、标准化研究及其他文化科技。[1] 吴晓雨等认为，文化科技的内涵与外延与某一国家在一定时期的经济和社会发展背景密切相关，文化科技的本质是服务于社会意识形态的一种特殊工具（手段）。文化科技具有动态特点和时代特色，在不同时代，发挥的作用不同，服务对象也不同。[2]

2. 文化科技外延

文化科技关注的对象是"服务于意识形态，有助于非强制、非结构化的意识形态表现、表达、传播、影响、认同等的相关物化文化形式及内容发展的各类科学技术"。[3] 文化科技依托相应物质化的文化载体，实现意识形态传播和影响的功能和作用；文化科技依托科技存在的客观规律，用艺术形态方法论指导艺术内容创作的物化和最终实体化；文化科技对非强制、非结构化意识形态的物质形式产生作用。文化科技所涵盖的文化领域，主要是教育、艺术、科学、旅游、新闻、出版等意识形态相对宽泛的领域。

综上，本研究所界定的文化科技融合，主要是围绕首都的文化建设而言，是狭义的文化科技融合，具体包括文化事业与文化产业。而饮食、服饰、建筑以及城乡物质文化，调整、协调、平衡国家、政府、企业、家庭等各层级组织之间、各层级组织内部人与人、人与组织、组织与组织等的相关社会文化都不在本研究范围之内。

（二）协同理论分析

协同理论关注复杂系统中各单元间的合作关系问题，是一种新的创新管理研究方法论。协同创新强调不同创新主体突破壁垒，广泛寻求协作，

---

[1] 李正良,龙昉.论民族文化产品开发中的科技运用[J].湖北民族学院学报（哲学社会科学版）,2017,35(1):73-75.

[2] 吴晓雨,张宜春,严先机.文化科技的内涵和外延[J].艺术百家,2012,(6):214-216.

[3] 吴晓雨,张宜春,严先机.文化科技的内涵和外延[J].艺术百家,2012,(6):214-216.

匹配共享创新要素，获得协同创新的放大效应，有利于文化科技创新主体与创新要素在更广阔范围内的充分结合，实现"倍增"剩余。[1]

1. 协同的内涵和外延

1971 年，德国物理学家赫尔曼·哈肯（Hermann Haken）在系统论中最早提出"协同"的概念，指自然或社会系统中各子系统、要素或人之间相互依赖、互惠协作，形成协同效应。随后，这一思想被管理研究者应用到企业新产品开发（NFD），企业与价值链上下游企业、互补企业、竞争企业在产品设计、制造和销售等领域的资源共享及协作运营。[2]20 世纪80 年代以后，以"产学研合作"为主题，探索企业与各组织之间通过要素互动形成创新合力的创新系统理论得到重视和深化，形成了政产学研协同创新的理论框架（见图 1）。

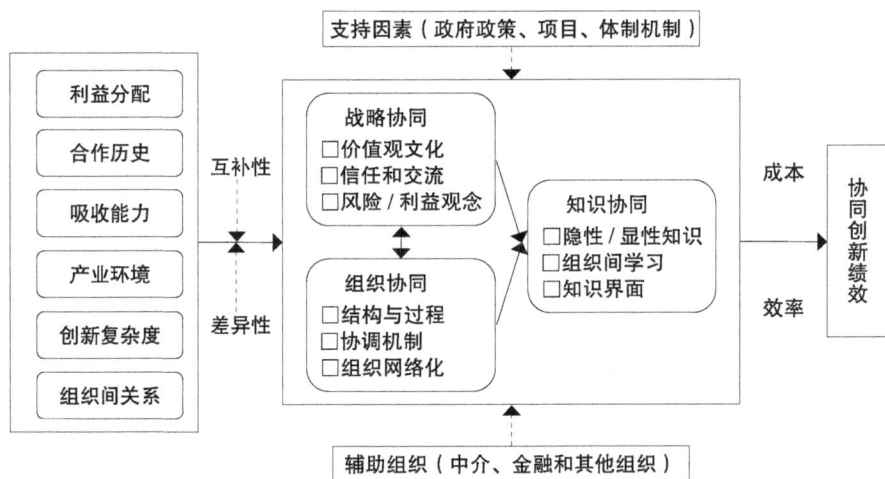

图1 政产学研协同创新的理论框架

随着新技术的扩散和日益增强，产品和技术生命周期不断缩短，引进

[1] 苏卉.产业融合背景下文化与科技的协同创新研究[J].资源开发与市场,2015,31(01):78-81+111.

[2] 陈波.政产学研用协同创新的内涵、构成要素及其功能定位[J].科技创新与生产力,2014,(1):1-3+14.

技术进行模仿创新已经丧失竞争力，协同创新才能为企业生存与发展注入源泉和动能。目前有关协同创新的研究主要集中在：①对不同创新主体、创新要素之间协同关系的研究，如对联盟成员创新协同关系的研究、产学研多主体创新协同的研究等；②协同创新模式的研究，如亨利·切斯布鲁夫（Henry Chesbrough）所提出的开放式协同创新模式；③协同创新效应的研究。[1] 总体而言，现有关于协同创新的研究主要关注不同创新主体、创新要素的协同关系，以及协同模式、协同效应等方面，研究普遍将协同等同于互惠、协作，研究方法的采用也以常规的理论演绎、回归分析等为主，缺乏对协同论原有的定量分析方法（诸如序参量原理、涨落理论）等的应用。

2. 协同的主体

"政产学研"是生产、学习、科学研究、实践运用的系统创新与合作，是技术创新上、中、下游全方位的对接与耦合。[2] 相对应地，政府（政策）、企业、高校、科研机构即文化科技融合协同发展的主体。其中，企业是文化科技融合协同发展的核心要素，政府（政策）对协同创新模式的运作起着重要作用，高等院校和科研机构是协同发展过程中的重要源泉。

政产学研的合作能够持续推进，最主要是因为政产学研能够实现共赢。理解好政产学研的深刻含义，把握好其相互关系，才能实现政府、企业、高校以及科研院所各自的利益需求。

政：政府，指政府在推动产学研创新方面起引导作用。

产：企业，企业是经济发展的主体，是技术创新活动的具体作用者。[3]

学：高校，高校的研究成果对于企业产品更新换代，促进经济升级具

---

[1] 朱敏.地方产业经济发展背景下的科技成果转化路径优化[J].中国管理信息化,2020,23(15):172-173.

[2] 李亿豪.互联网+:创新2.0下互联网经济发展新形态[M].北京:中国财富出版社,2015.

[3] 赵娜.五位一体的"政产学研用"合作策略研究[J].福建论坛（社科教育版）,2010,(12):97-98.

有重要的推动作用。

研：研究机构，研究机构的专业研究技术人员，具备将研究成果转化为生产成果的便利条件，并检验市场中研究成果的接受程度。

产是学和研的孵化器，学是产和研的基础，研是产和学的桥梁，政为产学研引路并构筑良好平台。在市场发展过程中，可以通过人才引进、技术人员培养和科研成果转化来推动社会可持续发展。政产学研协同创新模式的运作机制可以从以下方面进行说明：

（1）政产学研协同创新的动因及机理

政产学研协同创新是政府、企业、高校、研究机构等通过资源整合、优势互补，以企业为技术需求方、以高校/科研机构为技术供给方，为共同完成一项技术创新而达成的分工协作。企业参与政产学研协同创新主要是为了获取互补性研究成果、进入新技术领域、开发新产品。[1] 高校希望能从合作中获得资金支持、提高研究实用性、获得更多学术成果。协同创新机理的核心有知识产权的归属、经济利益的占有比例、知识转移、过程管理等。[2]

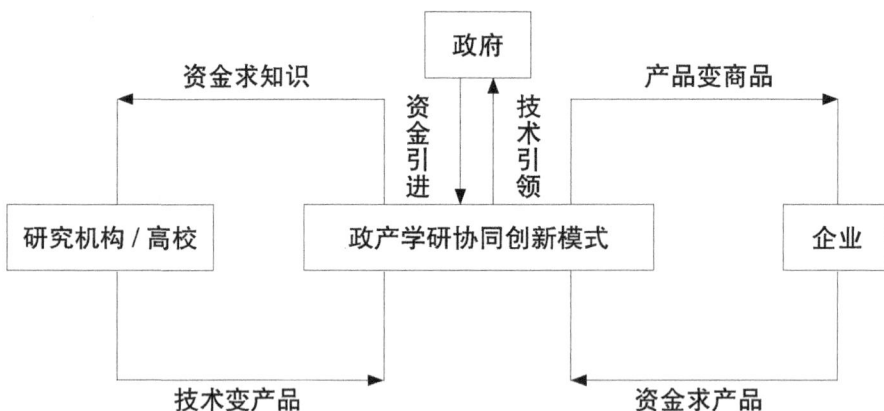

图2 政产学研协同创新模式

[1] 何郁冰.产学研协同创新的理论模式[J].科学学研究,2012,30(2):165-174.

[2] 何郁冰.产学研协同创新的理论模式[J].科学学研究,2012,30(2):165-174.

（2）政产学研协同创新的地理因素、制度环境及政府行为

集群创新和新地理经济学指出，企业倾向于与地理位置接近的高校及科研机构开展合作创新。[1] 政府的各类创新政策对政产学合作创新有显著影响。中介组织、金融机构、风险投资机构则影响政产学研协同创新的成本和风险水平。传统的政产学研合作忽略了中介、金融等相关参与方，影响了政产学研合作、协同创新的生态环境、质量与成功率。

（3）政产学研协同创新的效率评价及影响因素

博纳科西（Bonaccorsi）和皮卡鲁加（Piccaluga）认为产学合作的效率依赖于知识转移、合作关系，协同创新的绩效评价应综合企业和高校的作用。[2] 郭斌等从企业财务绩效、技术创新、技术转移和满意度四方面构建了"要素—过程—绩效"的协同创新绩效评价模型，认为企业绩效主要受吸收能力、合作关系稳定性、技术特性和外部环境影响。[3] 普莱瓦（Plewa）和奎斯特（Quester）从关系营销和技术转移角度探讨了研发导向的产学合作关系的动态演变，发现信任、学科与产业的一致性和互补性、人才流动、高校的研究能力和技术转移意愿、价值观差异等均是影响协同创新绩效的因素。[4]

（4）文化科技融合协同创新主体的作用

协同论认为，组成协同创新系统的各子系统通过合作产生协同效应，实现系统结构及功能从无序向有序转化。政产学研协同创新是指政府、企

[1] 陈卓,林嘉俊.产学研协同创新的协同效应研究[J].网络导报·在线教育,2012,000(023):62-62.

[2] Bonaccorsi A.,Piccaluga A..A theoretical framework for the evaluation of university-industry relationships[J].R&D Management,1994,(24):229-247.

[3] 郭斌,许庆瑞,陈劲,毛义华.企业组合创新研究[J].科学学研究,1997,(01):13-18+89.

[4] QuesterP.,Plewa C..Key Drivers of University-Industry Relationships:The Role of Organisational Compatibility and Personal Experience[J].Journal of Services Marketing,2007,21(5):370-382.

业、学校和研究机构等整合各自的优势资源，共同进行技术开发的协同创新活动。

企业层面，通过政产学研创新链条促进科技成果产业化，促进产业集群创新网络扩散，加快创新速度，缩短创新成本，提高创新能力。

高校、研究机构层面，高校与科研院所具有较强的创新能力与专注度，通过政产学研协同创新筹集科研经费更科学，有利于合作伙伴目标的协同，实现互补性资产共享，形成长期可持续的创新产出。

总体而言，政府牵线搭桥，高校产出技术和知识，企业有效吸收，实现创新主体从高校向企业转变，通过协同创新合理有效地规避风险。政产学研协同创新是国家创新体系有效运作的重要环节，能有效推动政产学研有机结合，开发共建创新平台，有利于实现资源共享和优势互补，促进技术转让和成果转化，提升各方整体竞争力。

3. 协同的要素

文化科技融合协同创新的实现，离不开资本、资源、市场、技术、人才等众多要素的合理配置，如何构建有利于整合各种创新力量的组织机构，开展协同创新的统筹规划，实现协同创新过程中的利益分享、资源共享，是文化科技融合协同发展的重要工作。

（1）要素协同创新的应用

①第一代协同创新模式：两要素协同创新

20 世纪中叶，有学者开始从企业角度研究技术创新管理，逐步意识到协同创新的重要性。20 世纪 70—80 年代，有学者提出创新的"双核心理论"，认为企业的创新主要分技术创新和其他要素创新。[1] 随着研究的深入，"双核心理论"衍生出多种两要素协同创新模式：技术和组织的协同创新、技术和市场的协同创新、技术和营销的协同创新以及技术与战略协

---

[1] 肖琳,徐升华,杨同华.企业协同创新理论框架及其知识互动影响因素述评[J].科技管理研究,2018,38(13):32-42.

同创新等。

②第二代协同创新模式：三要素协同创新

学者们的研究视角转到三要素协同创新上，强调管理、制度、战略、组织、技术、文化等任意三要素的协同对创新绩效的影响，揭示了协同创新的动态化、集成化和综合化过程。该协同创新模式主要有：第一，技术、组织和文化的协同创新；第二，市场、技术和管理的协同创新；第三，技术、市场和组织的协同创新；第四，产品、工艺和市场的协同创新；第五，技术、制度和管理的协同创新；第六，战略、知识和组织的协同创新。

③第三代协同创新模式：多要素协同创新

近年来，在三要素创新理论的基础上，国内外学者相继提出全面协同创新管理思想，即多要素协同创新管理模式，多要素协同创新模式主要有：第一，产品、工艺、组织、文化全面协同创新；第二，战略、文化、组织、制度、技术的全面协同创新；第三，战略、技术、市场、文化、制度、组织的全面协同创新；等等。

综上，协同创新是两个及两个以上要素的组合创新，战略、组织、资源、市场、技术、工艺、文化等都会对协同创新产生影响，协同创新模式已经成为企业发展的共同趋势。

（2）要素在文化科技融合协同创新的作用

在如今经济形势下，组织之间的成员伙伴的联系主要分为两种：第一种为组织外关系，这一类关系主要是由市场的价格来调节；第二种被称为组织内关系，这种关系主要是由行政指令来控制的。组织的外部关系是基于组织成员的市场行为建立的，任何成员进入和退出都是自愿而且自由的。组织内部关系则是建立在行政指令的基础之上，一般比较固定。政产学研协同创新的组织关系同时具有内外部两种关系的部分特点，各方不仅追求自身利益最大化，更要追求合作的利益最大化。因此，政产学研协同创新属于区别于技术市场交易和企业内部研发的第三种研发组织，也可以称为具有中间性质的合作组织。

作为一项创新组织方式，文化科技融合协同创新通过突破创新主体间的壁垒，实现创新资源和要素的有效汇聚，从而促进产业融合与深度合作，是适应文化科技融合发展的有效方式。然而，文化科技融合发展的动力是市场。市场需求、消费需求、企业需求、资本需求、跨界需求都推动着文化科技融合。[1]

（3）文化科技融合协同创新的实现方式

①以企业为主体，建立产学研相结合的创新网络

以企业为主体，建立政产学研相结合的创新网络最终要落实在载体和产业链上。一是要培育一批有实力参与国际竞争的大型文化科技企业，重点建设和引进一批具有示范性和导向性的重点文化科技融合项目，在关键领域形成具有自主知识产权的核心竞争力；二是要激发中小企业的创新力量，扶持一批具有较强竞争能力、创新能力的中小企业；三是建立产业、高校、科研机构与政府间的合作网络，促进科技成果向文化领域转化。

②营造有利于文化科技创新的环境，建立积极的公共政策体系

企业、高校、科研机构、金融机构等组织合作对促进文化科技融合创新具有重要意义。从实践看，通过建设科技园区、完善技术市场、建立信息中心、完善信息网络、建立数据库、成立专业协会或联盟、鼓励兼并或联合等手段促进创新合作，深度整合文化科技融合创新力量，促进研究开发合作与创新。同时还要完善文化政策、技术政策、财政金融政策、技术与贸易政策等，建立积极的公共政策体系。

③通过积极开发关键产业和共性技术，提高整体创新水平

通过重大攻关项目，整合科技创新力量，发挥企业技术研发中心、国家重点实验室的作用，成立技术联盟，瞄准世界文化科技发展的战略前沿，提高文化生产、文化服务领域的科技水平，充分利用高科技和先进技术，

---

[1] 刘玉珠.文化产业的跨界融合[J].中国广播.2014,(06):93-94.

促进高科技成果在传统文化领域的应用，促进传统文化产业的技术改造和升级。

（三）创新理论分析

19 世纪，亚历山大·汉密尔顿（Alexander Hamilton）、马修·凯里（Mathew Carey）提出经济发展驱动力的论述，形成了以技术创新为基础的资本理论。该理论认为在不同产业、不同地区和不同国家之间，技术扩散对推动经济发展有重要作用。本研究主要侧重科技创新理论、国家创新理论和区域创新理论等方面。

1. 科技创新理论

1912 年，熊彼特在其文章《经济发展理论》中首次提出"经济发展是以科技创新为动力"，认为在经济活动领域，如果创新工作停止，则经济总量也将处于一种稳定静态之中。他把科技创新分为三个阶段：发明阶段、创新阶段、扩散阶段。该理论指出技术创新活动中的主要影响因素有政府、企业、财政收入、科研经费支出、就业率、社会历史文化环境。创新活动是高投入、风险性的经济活动，决定了政策必须对创新加以鼓励或进行必要的限制，否则不利于科技创新。[1]创新要处理好有限资源的最优配置问题，形成产学研一体化，加速科技成果转化。

2. 国家创新系统理论

以英国学者克里斯托夫·弗里曼（Christopher Freeman）、美国学者理查德·R·纳尔逊（Richard. R. Nelson）等人为代表的国家创新系统学派认为，国家创新系统是一个国家各有关部门和机构相互作用形成的推动技术创新的网络，是参与和影响创新资源的配置及利用效率的综合体系。[2]国家创新系统推动新知识、新技能和新技术的创造、储存和转移，

---

[1] 文小禹.科技创新理论及政策研究[J].图书情报知识,1993,(1):47.

[2] 李婷.我国信息化与工业化融合水平测度研究[D].西安邮电学院,2012.

推动整个国家的技术创新。

美国学者迈克尔·波特将国家竞争力提升分为要素驱动、投资驱动、创新驱动、财富驱动四个阶段，波特把产业竞争力的影响因素归结为以下六个因素，形成了著名的"钻石模型"（National Diamond），见图3。

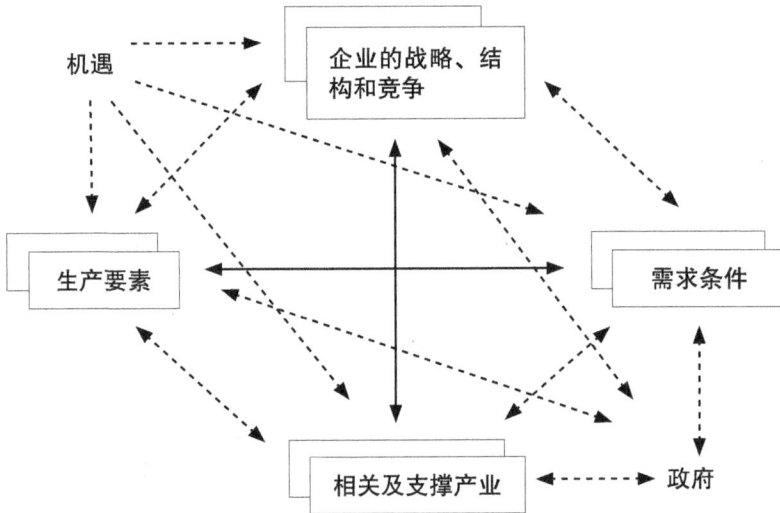

图3 波特"钻石模型"

在波特理论中，决定国家竞争力的关键因素主要有四个：（1）生产要素，包括初级生产要素和高级生产要素。如熟练劳动力、基础设施、特定产业竞争力等，决定一国在生产要素方面的地位；（2）需求条件，指一国市场对某产业的产品或服务需求，是衡量产业市场环境的重要指标；（3）相关及支撑产业，主要指上游产业及其辅助产业的国际竞争力，产业链上下游联动作用影响区域产业竞争力的提升，有助于提高产业竞争力；（4）企业战略、结构和竞争，是控制企业创建、组织和管理的条件，企业之间的竞争对某产业的国际竞争力有很大影响。[1] 以上四个基本因素是某产业

---

[1] 王浩.区域产业竞争力的理论与实证研究[D].吉林大学,2008.

在国际竞争中获得成功的必要条件。此外，机遇和政府行为也是影响国家竞争力的关键因素。机遇指超出企业控制范围内的随机事件，对现有竞争环境结构有影响，如重大技术突破、战争等。政府主要通过资本市场、补贴、竞争条例等政策来影响国家竞争优势。六种因素相互关联、互相影响，构成完整的产业系统。该模型体系被世界各国广泛应用于企业或产业市场分析，对产业层次竞争力问题的研究做出了重大贡献。

国家文化科技创新体系研究。文化科技创新，作为国家创新体系的重要部分，既属于国家科技创新体系的一部分，也属于国家文化创新体系的一部分。文化科技创新体系与国家科技创新体系、国家文化创新体系的关系（见图4）：

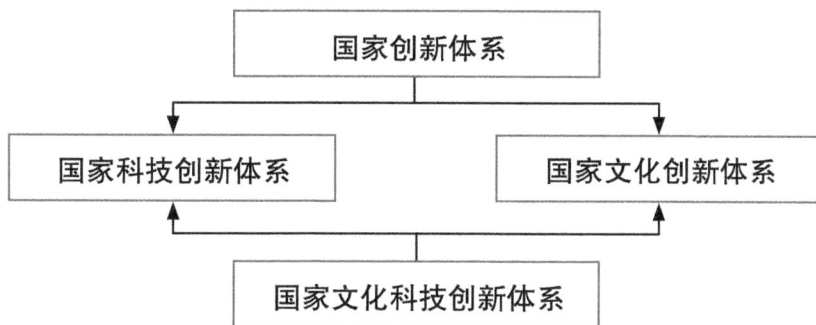

图4 国家文化科技创新体系的关系

文化科技创新体系作为国家创新体系的重要组成部分，由如下几个方面构成：

（1）文化科技创新体系的结构

文化科技创新体系（见图5）由以下几个方面的内容构成：

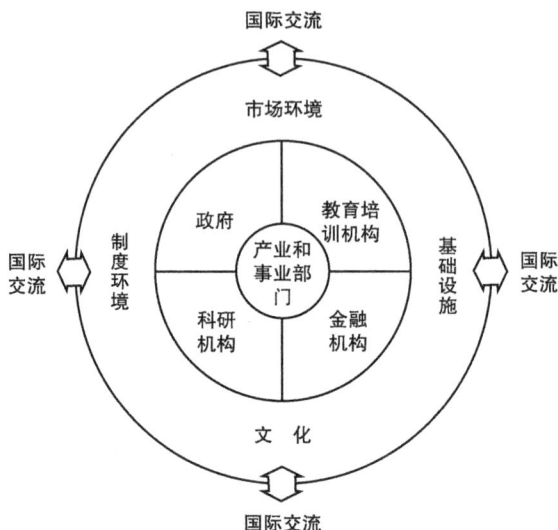

图5 文化科技创新体系结构

①国家文化科技创新体系的构成要素包括产业和事业部门、政府、科研机构、金融机构和教育培训机构。

②文化产业部门是文化经济活动的主体，文化事业部门是公共文化服务供给活动的主体，文化产业和事业部门是技术创新活动的直接参与者和实现者；金融机构为文化科技创新提供所需的资金资源支持，科研机构为文化科技创新提供所需的知识资源支持，教育培训机构为文化科技创新提供所需的人力资源；政府则利用政策工具对创新资源进行合理调配，但是政府作用并非直接干预，而是在遵从市场规律和社会发展规律的基础上，对资源配置进行引导和疏通，采用市场和政府互补的办法，而对于"市场理性"失效的部分和"市场理性"忽视的部分，以"社会理性"的方式进行补充。

③文化科技各个要素间的联系和互动主要体现为三种创新资源在各个要素间的流动。

④国家文化科技创新体系是技术创新、组织创新、制度相结合的有机体，受到国内环境即国家专有因素的影响。这种国内环境包括硬环境和软环境两类。硬环境包括支撑文化科技创新的基础技术平台、人才平台、金融平台等基础设施，软环境则包括市场和社会环境、制度环境和创新文化。

⑤文化科技创新体系是一个开放的动态系统，与国际大环境有着物质和能量的交换，即资金、知识和人力资源的交流，体现的是在全球化大背景下国家文化科技创新体系进行资源配置的一个新方向。

（2）文化科技创新体系的基本运行原理

按照各个组成部分所起的作用，可以把国家文化科技创新体系分为四个层次（见图6），即环境层、基础层、亚核心层和核心层。

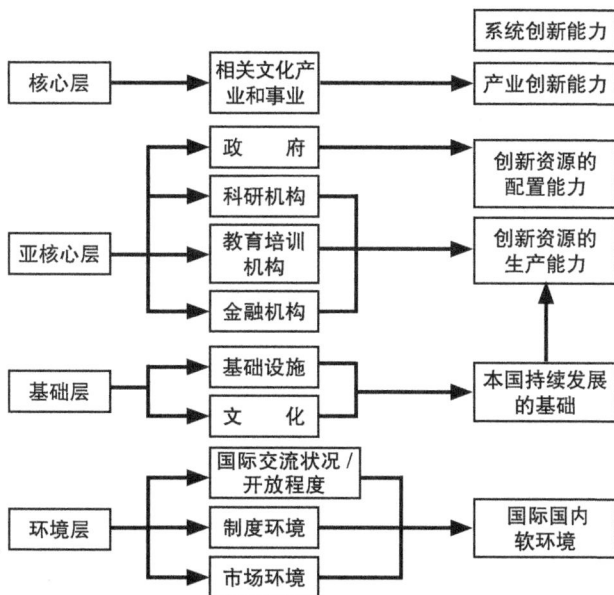

图6 国家文化科技创新体系运行机制

①环境层，包括制度环境、市场环境、国际交流状况或开放程度，这三者构成了文化科技创新体系的国际国内软环境。

②基础层，包括基础设施和文化因素，基础设施是国家文化科技创新体系所需的国内硬环境，其中与文化科技创新活动直接相关的是科技基础环境设施。文化因素是一国的专有因素，潜移默化影响一国国民素质和国家创新体系的总体特征。这二者共同形成该国持续发展的基础。

③亚核心层，包括政府、科研机构、教育培训机构和金融机构。科研机构、教育培训机构分别提供创新所需的知识和人力资源，但二者的区分不是绝对的；金融机构承担着创新所需资金的融通功能：政府则通过政策法令、规章制度对市场不能进行有效配置的部分创新资源进行调配，科研机构、教育培训机构和金融机构的运作决定创新资源的生产能力，政府职能的合理运用形成对创新资源的配置能力。

④核心层，主要是处在公共文化服务和文化产业生产第一线的相关文化产业和事业部门。第一线部门是文化科技创新的主体，决定一国的文化创新能力，受到亚核心层创新资源的生产和配置能力的影响。

通过以上分析，可以清楚地看到，国内外软环境是任何一个国家创新体系存在的大背景，它直接影响着一国持续发展基础环境的变革，进一步支撑创新资源的生产和配置能力，形成文化科技创新能力，最终决定整个国家文化科技创新体系的效率。核心层形成的文化科技创新能力是最重要的，亚核心层所对应的创新资源的生产和配置能力以环境层和基础层为依据，对核心层中产业创新能力的形成起到支撑、促进作用。

3.区域科技创新理论

区域科技创新理论是对科技创新理论和国家创新理论的扩展与延续。库克（Cooke，1992）对区域创新理论进行了概念界定，他认为区域创新系统主要是由在地域空间上有紧密联系，分工明确的生产企业、高校和科研机构等构成的区域性组织系统，区域创新是在这种系统支撑下产生的。[1]

---

[1] Philip Cooke.Regional Innovation Systems:Competitive Regulation in the New Europe[J].Geoforum,1992,23,(3):365-382.

大卫（David Doloreux）等学者认为，区域创新系统由两部分构成，一是创新活力，它包括生产企业与大学、研究机构等，它们组成了一个支撑性的创新要素；二是政体，可以通过某种制度安排来促进和支持这些活力要素间的业务联系，达到区域创新目的。[1] 综合不同学者对区域科技创新理论的研究，一般认为区域科技创新理论基本内涵应包括四个方面；①区域科技创新的发生需要地域空间；②区域科技创新的主体有企业、高校、科研机构、政府、中介机构等；③不同要素通过经济联系组成一个区域创新网络系统；④制度安排对区域创新有重要作用。创新理论从科技创新、国家创新和区域创新三个方面系统地论述了创新对区域经济乃至国家经济发展的重要性。

四、研究对象与内容

（一）研究目标与对象

1. 研究目标

在国家创新系统和文化科技融合发展战略的框架下，系统地总结归纳首都文化科技融合协同创新的模式与路径。

2. 研究对象

围绕首都文化科技融合发展现状，以首都文化科技融合协同创新模式为研究对象，具体界定为：

（1）文化科技融合研究

---

[1] David Doloreux,Saeed Parto.Regional Innovation Systems:Current Discourse and Unresolved Issues[J].Technology in Society,2005,27(2):133-153.

文化科技融合主要是围绕首都的文化建设相关方面而言，是狭义的文化科技融合，具体包括文化事业与文化产业。文化事业以公共文化服务为重点，主要涵盖成果展示与传播等领域，具体以数字公共文化服务为研究重点，主要聚焦数字博物馆、数字景区、数字社区等形态与类型。产业领域涵盖传统、现代和新兴三大领域，聚焦与互联网等新兴科技密切相关的文化科技重点领域及典型企业。

（2）协同研究

开展政产学研研究。政府（政策）、企业、高校、科研机构是文化科技融合协同发展的主体。企业是文化科技融合协同发展的核心要素，政府（政策）对协同创新模式的运作起着重要作用，高等院校和科研机构是协同发展过程中的重要源泉，产学研的落实离不开政府的支持和管理。

（3）创新研究

基于迈克尔·波特（Michael Poter）提出的国家竞争力的"钻石模型"，从北京文化科技融合的要素禀赋、重点产业、典型企业等层面进行研究。

（二）主要研究内容

1. 首都文化科技融合发展研究概述

（1）文化科技融合概念的内涵及外延。分析文化科技融合并对其进行界定。

（2）国内外文化科技融合研究现状及相关理论综述。总结国内外文化科技融合如何推动文化产业发展，以及文化科技融合的地位和作用。

（3）介绍首都文化科技融合发展的背景及意义。主要是基于国家和北京市政策规划指出的文化科技的作用、内容、目标，探讨文化科技融合协同创新发展与国家创新体系建设等的关系与意义。

2. 首都文化科技融合的国内外经验借鉴

（1）重点分析上海张江国家文化和科技融合示范基地、深圳市等的文化科技融合经验借鉴。

（2）重点分析伦敦、东京等发达国家首都的经验借鉴。为首都科技与文化融合发展提供参考。

3. 首都科技文化融合发展重点领域研究

（1）梳理科技创新支撑、引领文化创新的共性关键技术和模式，分析文化创新对科技创新的需求。

（2）研究科技资源与文化资源整合的模式，对互联网科技等与票务、艺术品交易融合等业态进行重点分析。

（3）对中关村国家级文化和科技融合示范基地等文化科技主要形态进行分析。

4. 首都文化科技融合发展模式研究

（1）在进行协同、耦合、创新等理论研究以及现状等实证研究的基础上，分析总结首都文化科技融合的发展模式。

（2）以科技创新与集成创新提升文化创新水平，研究首都文化科技产学研协同创新、制度建设、政策导向、社会环境、发展路线图等。

5. 首都文化科技融合发展的政策建议

对首都文化科技融合创新进行全面、系统地总结。提出首都文化科技融合协同发展的优化路径，研究政产学研协同创新、制度建设、政策导向、发展路线等。

（三）章节结构与研究思路

本研究共分为五章，采用递进式论证，结构可分为三部分：第一部分（绪论）作为导论和基础，梳理文化科技融合协同创新的研究背景、意义及理论基础；第二部分（第一章至第三章）作为研究主体与核心，基于国内外文化科技融合协同创新的实践经验，在此基础上系统分析首都文化科技融合协同创新的现状和问题，归纳、总结、探索文化科技融合协同创新模式，并明确协同创新的重点领域；第三部分（第四章）作为对策与建议，基于前文的理论与实践研究，提出具体思路和解决措施。章节安排如图 7 所示。

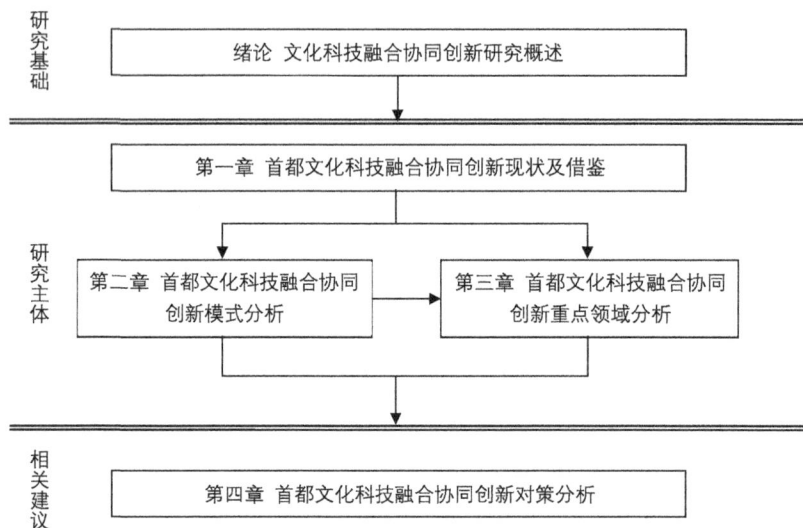

研究基础

```
┌─────────────────────────────────────────────┐
│        绪论 文化科技融合协同创新研究概述        │
└─────────────────────────────────────────────┘
```

研究主体

```
┌─────────────────────────────────────────────┐
│     第一章 首都文化科技融合协同创新现状及借鉴    │
└─────────────────────────────────────────────┘

┌──────────────────────┐      ┌──────────────────────┐
│ 第二章 首都文化科技融合协同 │ ──→  │ 第三章 首都文化科技融合协同 │
│      创新模式分析        │      │     创新重点领域分析      │
└──────────────────────┘      └──────────────────────┘
```

相关建议

```
┌─────────────────────────────────────────────┐
│     第四章 首都文化科技融合协同创新对策分析      │
└─────────────────────────────────────────────┘
```

图7 本研究结构框架

各章的主要内容如下：

"绪论"是整个报告的研究背景和基础。从研究背景及意义出发，基于在理论层面的深入剖析，概括研究思路及研究框架。

"第一章 首都文化科技融合协同创新现状与借鉴"是本研究的出发点。在分析国际和国内文化科技融合协同创新的相关经验的基础上，梳理首都文化科技融合在产业和事业层面的发展现状，总结首都文化科技融合面临的主要问题，为提出首都文化科技融合协同创新对策和建议奠定基础。

"第二章 首都文化科技融合协同创新模式分析"是本研究的核心。本章主要基于波特"钻石模型"理论和政产学研协同发展理论，从协同创新主体角度，提炼首都文化科技融合发展的主要模式，探析其发展规律，并结合相关案例进行分析。

"第三章 首都文化科技融合协同创新的重点领域分析"是本研究的重

要内容。本章主要从文化科技产业领域和成果展示传播领域两个层次进行研究。产业领域涵盖了传统、现代和新兴三大领域，主要聚焦与互联网密切相关的文化科技重点领域及企业，采用理论基础和实际调研相结合的方法进行协同创新的模式研究。成果展示与传播领域以数字公共文化服务为研究重点，对数字博物馆、数字景区、数字社区等领域进行了分析。

"第四章 首都文化科技融合协同创新对策分析"，基于前文理论研究、领域探索、模式提炼，并针对首都文化科技融合协同发展存在的问题，从机制与规划建设、平台与要素建设、人才与智库建设等多个层面，对如何实现首都文化科技融合协同创新提出具体思路和建议。

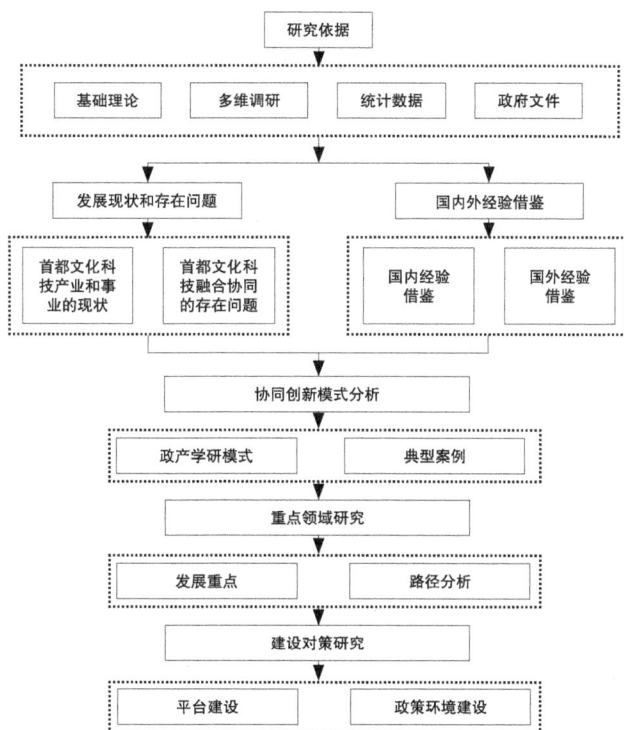

图8 研究思路

五、研究方法与依据

（一）研究方法

本研究综合运用理论与实践相结合、定性与定量相结合的研究方法，具体采用文献研究法、调查问卷法、归纳演绎法。

1. 文献研究法

文献研究法是根据一定的研究目的或课题，通过调查文献来获得资料，从而全面地、正确地了解掌握所要研究问题的一种方法，被广泛应用于各种学科研究中。

本调查报告大量搜集知网、万方等文献数据库的资料，重点搜集北京社会科学院、北京科技情报研究所等重点智库和研究单位成果。

2. 调查问卷法

调查问卷是以问题的形式系统地记载调查内容的一种印件。本报告结合构建首都文化科技融合的需求，设计了调研问卷，并对典型企业对象发放。

3. 归纳演绎法

归纳演绎法将已有的现象、规律和理论通过自己的理解和验证，给予归纳并演绎出来。运用上述方法对首都文化科技融合进行比较深入的研究之后，通过归纳与演绎，对首都文化科技融合的模式、规律进行归纳，是本研究使用的重要方法。

（二）研究依据

1. 理论依据

——协同理论；

——科技创新理论；

——国家创新系统理论。

2. 调研资料

——对文化科技企业进行实地调研及座谈;

——对国家级文化和科技示范基地、重点产业园区进行调研及座谈;

——对相关政府部门进行调研访谈;

——对文化科技领域专家进行沟通访问。

3. 统计数据

——通过调研获得示范基地、园区、企业等机构的文化科技相关数据资料;

——各级政府部门统计数据。

政府文件:

——《"十四五"文化产业发展规划》(2021);

——《"十四五"文化和旅游发展规划》(文旅政法发〔2021〕40号);

——《北京市"十四五"时期文物博物馆事业发展规划》(京文物〔2021〕1712号);

——《北京市"十四五"时期智慧城市发展行动纲要》(2021);

——《中华人民共和国国民经济和社会发展第十四个五年规划和2035年远景目标纲要》(2021);

——《文化和旅游部关于推动数字文化产业高质量发展的意见》(文旅产业发〔2020〕78号);

——《关于促进文化和科技深度融合的指导意见》(国科发高〔2019〕280号);

——《关于推进文化创意产业创新发展的意见》(京发〔2018〕14号);

——《北京城市总体规划(2016年—2035年)》(2017);

——《北京市"十三五"时期文化创意产业发展规划》(京宣发〔2016〕29号);

——《北京市"十三五"时期加强全国文化中心建设规划》(京政发

〔2016〕20 号）；

——《国务院关于积极推进"互联网 +"行动的指导意见》（国发〔2015〕40 号）

——《国务院办公厅关于发展众创空间推进大众创新创业的指导意见》（国办发〔2015〕9 号）

——《国务院关于进一步促进展览业改革发展的若干意见》（国发〔2015〕15 号）；

——《国务院关于进一步做好新形势下就业创业工作的意见》（国发〔2015〕23 号）；

——《京津冀协同发展规划纲要》（2015）；

——《国务院关于推进文化创意和设计服务与相关产业融合发展的若干意见》（国发〔2014〕10 号）

——《国家中长期科学和技术发展规划纲要（2006—2020 年）》（国发〔2005〕44 号）；

——《国家文化科技创新工程纲要》（国科发高〔2012〕759 号）；

——《现代服务业科技发展"十二五"专项规划》（国科发计〔2012〕70 号）；

——《关于大力支持小微文化企业发展的实施意见》（文产发〔2014〕27 号）

——《文化部"十二五"时期文化产业倍增计划》（文产发〔2012〕7 号）；

——《文化部"十二五"时期文化改革发展规划》（文政法发〔2012〕13 号）；

——《文化部"十二五"文化科技发展规划》（办科技发〔2012〕18 号）；

——《北京市推进文化创意和设计服务与相关产业融合发展行动计划（2015—2020 年）》（京政发〔2015〕20 号）；

——《北京市文化创意产业提升规划（2014—2020 年）》（京政发〔2014〕13 号）；

——《北京市文化创意产业功能区建设发展规划（2014—2020 年）》（京政发〔2014〕13 号）。

第一章

首都文化科技融合协同创新现状及借鉴

第一节 首都文化科技融合发展基础与现状

一、首都文化科技融合发展基础

全国政治中心、文化中心、国际交往中心、科技创新中心的定位，是首都文化科技融合协同创新发展的方向指引。首都文化科技协同创新基础雄厚。

（一）资源状况

北京作为首都，有其他地区无法比拟的资源优势，这为文化科技融合与协同发展提供了独特的优势条件。北京作为一座历史文化名城，文化旅游资源丰富，为文化产业发展提供了广阔的空间；北京是我国经济由东向西、由南向北推移的重要枢纽；北京是我国最大的科技与智力资源密集区，高校林立，科技成果丰富；北京拥有科技、研发、人才、信息等各种高端要素资源，是充分利用首都资源优势、促进产业结构升级和城市功能提升的现实途径；北京奥运会留下的包括精神遗产、知识遗产、文化遗产等在内的奥运遗产，给文化经济提供强有力的支持。

此外，北京作为首都，对京津冀经济圈、环渤海经济圈以及全国有较强的辐射能力和带动能力，其文化科技资源有很强的聚集能力，能形成行业的集聚效应、溢出效应和创新效应。

（二）人才状况

北京聚集了中国最顶尖的科研机构、高等院校。以中科院为代表的各级、各类科研机构共 213 家；2021 年，中国科学院、中国工程院院士增选后，中国科学院共有院士 860 名，中国工程院院士总数为 971 名，北京三年蝉联增选人数榜首。据北京市教委统计数据，北京有以北大、清华为代表的高等院校 110 所，普通本专科在校生共 59.5776 万人，在校研究生 41.3124 万人。[1] 每年产生数千项辐射全国的科研成果。另外，北京还是世界优秀企业的聚集地，国际现代产业的聚集地，很多世界级的企业落户于此，一些国际领先的产业布局于此。

（三）技术状况

北京的高科技产业、现代金融业、现代信息产业、现代消费产业、互联网产业等现代产业形态在全国均处于领先和优势地位。

科技创新中心是中央赋予北京的"四个中心"城市战略定位之一。据北京市科委统计，2020 年 12 月，北京研发人员超过 40 万人，研发投入占 GDP 比重连续保持 6% 左右，在全球领先；北京还拥有北大、清华、中科院等世界一流的大学和科研机构；北京三年蝉联自然杂志评选的全球科研城市首位；[2] 根据《2020 年全球创新指数》报告，北京以 24 万余篇论文数在科学论文出版指标方面蝉联全球首位，占全部论文出版数量的比重达 2.79%；北京 PCT 国际专利申请量为 2.5 万余件，占全部 PCT 国际专利申请量的比重达 2.40%，居全球前列；[3] 北京以创新经济为标志的创新高地正在迅速崛起。

[1] 北京市教育委员会.2021-2022学年度北京教育事业发展统计概况[EB/OL].
    (2022-03-25)[2023-02-03].http://jw.beijing.gov.cn/xxgk/shujufab/
    tongjigaikuang/202203/t20220325_2709328.html.

[2] 张璐.北京打造国际科技创新中心,有何优势?[EB/OL].(2021-01-23)[2022-09-
    08].https://www.bjnews.com.cn/detail/161137467415219.html.

[3] 张璐.北京打造国际科技创新中心,有何优势?[EB/OL].(2021-01-23)[2022-09-
    08].https://www.bjnews.com.cn/detail/161137467415219.html.

（四）市场环境

北京拥有巨大的文化消费能力，有全国最大、最集中、最具潜力的文化市场，密度最高的老字号聚集市场，大型专业和综合商业街，以及功能齐全的大型综合及专业文化演艺和影视场所；财政、银行机构的金融创新给予文化产业发展强有力的支持。

北京市典型企业凭借丰富的人才、科技和文化资源，主动开展文化和科技融合创新，并取得了重大成果，形成了较强的竞争能力。中关村文化科技融合示范功能区组织实施文化科技产业引领工程、文化产业提升工程、文化技术攻关工程、示范园区建设工程等，做大做强中关村软件园、清华科技园、东升科技园等，加快建设 798 创意产业园、中关村数字设计中心，为"设计之都"的建设培育新兴产业业态。

总之，北京正处于全力推进科技创新和文化创新"双轮驱动"的发展时期，处于经济转型升级的战略机遇期，作为首都具有全国其他地区不可比拟的文化科技融合的基础与优势。

二、首都文化科技产业协同现状

目前，我国经济整体发展增速放缓，宏观经济对文创产业的影响较大，文创产业发展受到经济发展水平的制约。同时，内需的扩大也为文化产业消费提供了难得的机遇，未来还有很大的增长空间。另外，文化产业是一个关联性相当强的产业，已经成为一个跨界产业，融合创新是其发展的必然结果。北京文化科技跨领域融合推进，业态创新的速度大大加快。

（一）产业规模快速增长，产业集聚初步形成

文化创意产业是文化科技融合的主要形态，在一定程度上说明了文化科技融合相关产业的发展。从图 1-1 变化趋势看，2006—2014 年，文化创意产业增加值呈逐年递增态势，年均增长率为 0.35%。2013 年，首都文化创意产业总收入超过 1 万亿元，增加值约 2406.7 亿元，占全市 GDP 比重为 12.3%；2014 年，实现增加值 2794.3 亿元，占地区生产总值的比重

为 13.1%，创历史新高。《北京市"十三五"时期文化创意产业发展规划》提出，北京将大力发展高产出、高附加、高辐射的新兴业态，形成"高精尖"文化创意产业体系。此外，《北京市"十三五"时期文化创意产业发展规划》还包括加强市级文创产业示范园区建设、完善文化市场体系、增强文化消费带动力等内容。

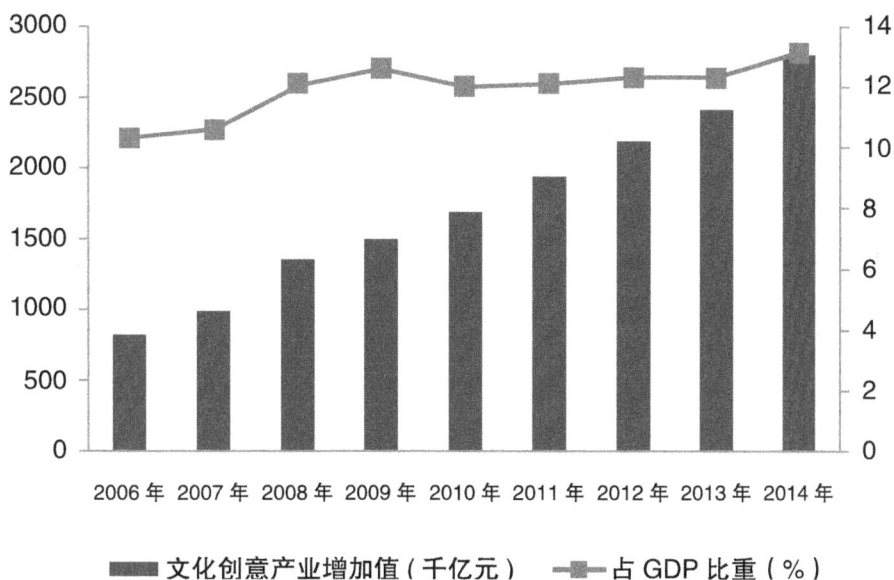

图1-1 北京市2006—2014年文化创意产业增加值及占GDP比重情况（资料来源：北京统计信息网）

文化创意产业已经成为首都重要的支柱性产业。据《北京文化产业发展白皮书（2021）》统计数据，2020 年北京市共认定 10 家市级文化产业示范园区、10 家市级文化产业示范园区（提名）、78 家市级文化产业园区，798 艺术区成为北京首家国家级文化产业示范园区创建单位；国家文化产业创新实验区、国家文化和金融合作示范区加速建设，北京环球影城、台湖演艺小镇等重大项目稳步推进，京津冀三地文化和旅游交流合作进一步加强；2020 年，全市规模以上文化产业，共实现收入 15420.8 亿元；资产总计 24947.4 亿元。[1] 在科技创新和变革推动下，"云看展""云演艺""云旅游"等新业态与新模式不断涌现。

（二）产业结构不断优化，融合发展态势初显

文化科技融合带动信息产业、新媒体产业的转型升级，北京已经初步形成了以软件网络和计算机服务业为主，文化艺术、广播影视、广告会展和艺术品交易等行业国内领先的产业结构体系，涌现出一大批龙头企业和专业化、精细化、特色化的中小企业。

据《北京文化产业发展白皮书（2021）》显示，面对疫情冲击，2020年北京全市规模以上文化产业收入合计 15420.8 亿元，同比增长 13.9%；全市规模以上文化产业法人单位数量 5557 家，其中规模以上文化企业数量 5119 家，同比增长 6%；全市规模以上文化产业资产总计 24947.4 亿元，同比增长 23.5%；全市规模以上文化核心领域收入合计 13955.9 亿元，同比增长 16.6%，占规模以上文化产业总收入的 90.5%。[2]

在科技创新和变革推动下，顺应多元化、个性化消费需求的新业态与新模式蓬勃兴起，新冠肺炎疫情时期保持强劲增长态势。据《北京文化产业发展白皮书（2021）》，2020 年，全市规模以上文化企业中，文化新业态特征较为明显的 16 个行业小类实现营业收入 9160.1 亿元，占全市规模以上文化企业营业收入的 61.3%。全市规模以上"文化 + 互联网"企业实现营业收入 8952.1 亿元，占全市规模以上文化企业营业收入的 59.9%。2020 年全市规模以上"文化 + 科技"企业实现营业收入 7725.4 亿元，占

---

[1] 北京市国有文化资产管理中心,中国传媒大学文化产业管理学院.北京文化产业发展白皮书（2021）[R/OL].(2021-12-07)[2022-09-08].http://wzb.beijing.gov.cn/ckediter/userfiles/files/1(23).pdf.

[2] 北京市国有文化资产管理中心,中国传媒大学文化产业管理学院.北京文化产业发展白皮书（2021）[R/OL].(2021-12-07)[2022-09-08].http://wzb.beijing.gov.cn/ckediter/userfiles/files/1(23).pdf.

全市规模以上文化企业营业收入的 51.7%。数字文娱"独角兽"企业数量占全国近六成。[1]

广播电视电影、广告会展、文化休闲娱乐、文化用品设备生产销售及其他辅助业四类行业稳步发展，文化供给更加多元，文化消费场景加速向线上迁移。围绕建国建党、改革开放、脱贫攻坚、抗击新冠肺炎疫情等题材，创作出一批优秀作品；网络视听、数字游戏、数字阅读等线上文化产品供给大幅增加，"电竞北京"、北京惠民文化消费季、北京国际音乐节等品牌活动以线上线下相结合方式，点亮群众精神文化生活。线上文化消费成为新常态，文化消费数字化、圈层化、年轻化趋势进一步凸显。[2]

随着疏解整治促提升持续推进，北京文化创意产业"高精尖"发展趋势越发明显，现代文化创意产业体系正在加快构建。

（三）居民文化消费水平提高，文化消费市场日趋扩大

我国拥有 14 亿多人口的消费市场，文化消费市场潜力尤为巨大，由图 1-2 可以看出，2017—2019 年，我国对于公共文化服务建设支出呈逐年递增态势，2020 年、2021 年受疫情影响，各项消费支出受限，中央一般公共预算用于文化旅游体育和传媒的支出预算逐年降低。2020 年疫情突发，人们消费需求受限，居民人均教育文化娱乐支出短暂下跌，整体来看，近五年，居民人均教育文化娱乐支出总体呈逐年增长的趋势。但我国财政支持公共文化服务建设与发达国家相比仍有较大差距，居民潜在的文化需求并未得到有效满足。据国家统计局发布数据，2021 年，全国居民人均可支配收入 35128 元，比上年同期名义增长 9.1%，人均教育文化娱

[1] 北京市国有文化资产管理中心,中国传媒大学文化产业管理学院.北京文化产业发展白皮书（2021）[R/OL].(2021-12-07)[2022-09-08].http://wzb.beijing.gov.cn/ckediter/userfiles/files/1(23).pdf.

[2] 北京市国有文化资产管理中心,中国传媒大学文化产业管理学院.北京文化产业发展白皮书（2021）[R/OL].(2021-12-07)[2022-09-08].http://wzb.beijing.gov.cn/ckediter/userfiles/files/1(23).pdf.

乐消费支出 2599 元，增长 27.9%，占人均消费支出的比重为 10.8%。受
新冠肺炎疫情影响，2020 年我国人均教育文化娱乐消费支出 2032 元，下
降 19.1%，占人均消费支出的比重为 9.6%。2019 年我国人均教育文化娱
乐消费支出 2513 元，增长 12.9%，占人均消费支出的比重为 11.7%。[1]

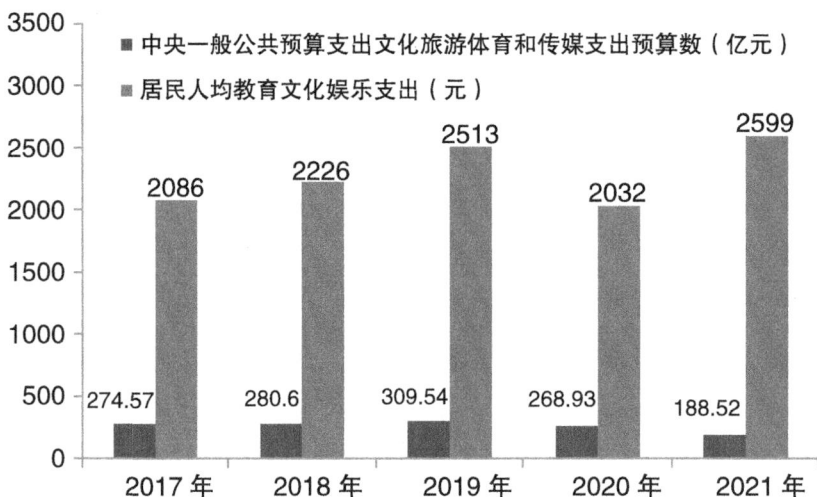

图1-2 2017—2021年我国财政支持公共文化服务建设情况

首都文化消费市场潜力巨大，仍需深度挖掘。2017 年，北京居民人
均教育文化娱乐消费支出达 3917 元，在消费支出构成中占比 10.5%，位
居全市服务性消费前三。第五届惠民文化消费季实现直接消费金额 162.1
亿元，惠民金额 10.3 亿元，不仅提升了展览、阅读、文艺演出等传统文化
活动的内容质量，更拓展了新的文化融合业态与文化消费模式，形成了文

---

[1] 资料来源于国家统计局官网。

化消费的新格局。[1]2018 年，北京各市区文化部门用于政府购买公共文化服务的支出达 5.2 亿元，比 2017 年增长了 67.8%，其中，市级支出 0.93 亿元，增长了 25%；区级和街道乡镇支出 4.27 亿元，比 2017 年增长了 81%。[2]2020 年，《北京市推进全国文化中心建设中长期规划（2019—2035 年）》提出，到 2035 年，北京人均公共文化服务设施建筑面积将增至 0.45 平方米，公共文化服务设施网络在全面实现一刻钟文化服务圈基础上，更好实现全地域覆盖。《北京文化产业发展白皮书（2022）》数据显示，2021 年 1 月—2021 年 12 月规模以上文化产业中，文化核心领域收入合计 15848.3 亿元，同比增长 17.8%，全市规模以上数字文化企业 1708 家，实现营业收入 11409.8 亿元。其中"互联网 + 文化"领域营业收入占比 87.8%。[3]数字文化消费不是应急措施，而是一种日常消费选择。

（四）政策体系不断健全，发展环境持续优化

北京高度重视文化科技融合，首都文化科技融合政策体系正在形成。《北京市文化创意产业功能区规划（2014—2020 年）》提出构建"一核、一带、两轴、多中心"的空间格局和"两条主线带动、七大板块支撑"的产业支撑体系。其中的"一带"指以中关村海淀园和石景山园为核心，向东延伸至朝阳电子城，向南延伸至丰台科技园、大兴国家新媒体产业基地和亦庄开发区的"文化科技融合带"；"两条主线"指文化科技融合、文化金融融合两大主线，重点规划建设文化科技融合示范功能区、动漫网游及

---

[1] 新华社.北京文化消费结构得到优化 迎来井喷期[EB/OL].(2018-02-06)[2022-09-08].http://www.gov.cn/xinwen/2018-02/06/content_5264280.htm.

[2] 北京市人民政府.市区文化部门投入5.2亿元购买公共文化服务 实现服务标准化、均等化[EB/OL].(2018-12-21)[2022-09-08].http://www.beijing.gov.cn/ywdt/gzdt/201812/t20181221_1826575.html.

[3] 北京市国有文化资产管理中心.《北京文化产业发展白皮书（2022）》发布[EB/OL].(2022-07-26)[2022-09-08].http://wzb.beijing.gov.cn/wzbdwdt/wzdt/ff808081823428280182383a13c60022.html

数字内容功能区、文化金融融合功能区。

规划中明确提到，北京市 20 个功能区"差异化"发展文创项目中，文化科技融合示范功能区，就是要依托中关村海淀园，集聚文化软件服务、互联网信息服务、文化增值电信服务、移动互联产业等业态；依托首钢主厂区，拓展人工智能、大数据、云计算等融合新业态。

此外，北京先后出台了《北京市文化创意产业集聚区认定和管理办法（试行）》《北京市促进文化创意产业发展的若干政策》《北京市文化创意产业分类标准》《北京市文化创意产业发展专项资金管理办法（试行）》《首都创新精神培育工程实施方案（2012—2015）》《关于促进城市南部地区加快发展第二阶段行动计划（2013—2015 年）》《关于进一步促进首都科技企业孵化体系建设的意见》《北京市人民政府关于强化企业技术创新主体地位全面提升企业创新能力的意见》《北京"设计之都"建设发展规划纲要》《北京市"十三五"时期文化创意产业发展规划》《关于推进文化创意产业创新发展的意见》《北京市"十四五"时期文化和旅游发展规划》等文件。同时，制定了税收优惠、贷款贴息、信用担保和支持影视动画、网络游戏等重点行业发展的实施办法及保障措施。海淀区作为中关村核心区，设立了文化和科技融合发展专项资金和系列认定标准，支持文化科技示范项目实施、文化科技企业发展、重大文化技术应用示范项目落地、重大文化科技成果转化和产业化、公共服务平台和企业孵化器建设等。

以上政策和措施有力推动了首都文化科技相关产业集聚区和各行业的快速发展。

三、首都文化科技事业协同现状

（一）文化资源数字化水平提高

近年来，北京特别注重利用高新技术特别是数字技术来提高信息化水平，更好地将文化艺术转化为数字资源，不断推进公共文化事业发展。北京市高度重视数字图书馆的建设，建成了包括中国国家数字图书馆、高校图书馆系统、北京市农业数字图书馆等一大批优质的数字图书馆。其中，中国国家数字图书馆在文献信息资源及数字化服务手段方面都处于国际先进水平。中国国家数字图书馆依托国家图书馆丰富的馆藏资源，并利用互联网、移动通信网、广播电视网等多种载体，为读者提供图书、期刊、报纸、论文、古籍、音乐、影视、微缩等方面的海量数字资源与个性化互动服务，并同时开通了华夏记忆、政府信息、科研参考、企业资讯、图书馆界、少儿天地、新农村建设、特色资源等专题数字资源服务项目。

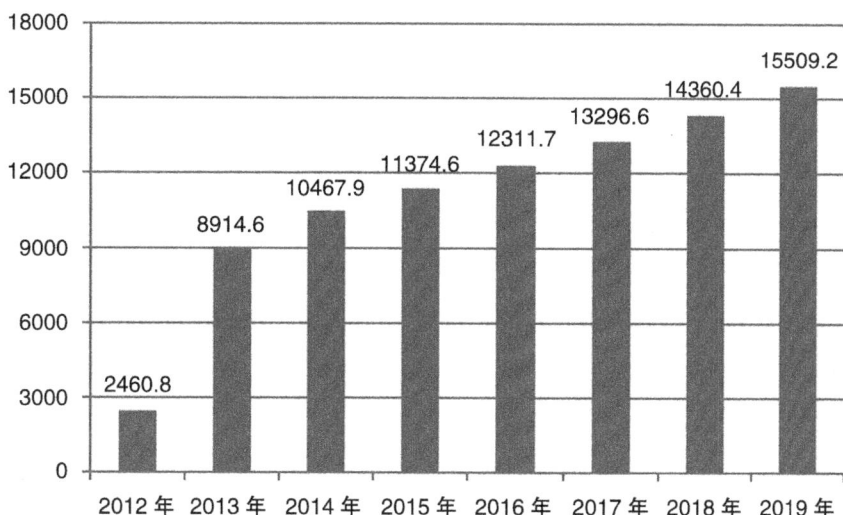

图1-3 国家数字图书馆资源建设总量（单位：TB）（资料来源：数字图书馆推广工程官网）

截至 2019 年年底，国家数字图书馆数字资源总量已达 15509.2TB（如图 1-3）。其主要内容单元包括：电子图书、电子报纸、电子期刊、会议论文、学位论文、视频资料、音频资料等。海量的数字资源、广泛的服务渠道、创新的服务手段使得国家数字图书馆不仅为企事业单位提供了便利的资源，也不断提升了其在世界数字图书馆领域中的影响力。海淀图书馆利用数字技术建立以西山文化为主题的地方文献数据库、以大慧寺为专题的北京记忆数据库；以馆藏地方文献进行数据加工、制作，建立了联合书目数据库和地方文献网页，整理利用同方知网、方正阿帕比等资源，打造完善了海淀区数字平台。

除此之外，数字博物馆等数字公共文化服务发展迅速。数字博物馆的信息能以文字、符号、图像等形式，记录、描述、复制、加工在数字载体上，借助虚拟现实、三维图像、声音、超文本链接等途径，来弥补文物实体因受到条件限制而不能经常更换或展出的缺陷。北京作为科技创新中心，积极加入了博物馆数字化探索建设的大军中。数字化博物馆建设成绩斐然，例如纪念 2008 年北京奥运会的"北京 08 数字博物馆"、中国国家博物馆的"掌上国博"、故宫博物院的"360 紫禁城全景虚拟漫游"、中国地质博物馆的"虚拟展厅"、中国美术馆的"数字美术馆"、首都博物馆的"首都博物馆网上体验馆"等。数字博物院、数字图书馆、数字美术馆等公共文化设施的数字化发展使静态文化"活"了起来，并借助以电子技术、信息技术、网络技术和数字技术为核心的文化传播方式，将这种"活文化"推向世界，为人们带来了公共文化服务的新体验。《2021 年度中国数字阅读报告》显示，2021 年，中国数字阅读产业规模达 415.7 亿，数字阅读用户规模达到 5.06 亿，人均电子书阅读量达 11.58 本。[1]

（二）数字文化社区建设工作成效显著

启动数字文化社区建设工程，在百余街道社区文化站接入有线电视线路，安装建设集艺术欣赏、文化传播、交流互利、信息查询于一体的社区公共文化数字新平台。同时，利用农村有线电视网、文化信息资源共享网、数字电影网、远程教育网平台，在农村文化室建设中推动"四网合一"工作，农村公共文化设施服务水平得到提高。

---

[1] 中国音像与数字出版协会.2021年度中国数字阅读报告[EB/OL].(2022-04-25)
[2022-09-08].http://www.rmsznet.com/video/d316534.html.

（三）文物资源跨入数字化时代

积极推动文物资源数字化。"数字圆明园"项目将三维建模、虚拟现实技术、增强现实技术与传统建筑技术相融合，通过数字化技术手段，最大限度地"恢复"圆明园原貌，已经清理档案1万余件，完成4000多幅复原设计图纸、2000座数字建筑模型、40多个圆明园景区、6段历史分期120组时空单元的复原研究，未来还将建设数字体验中心、博物馆，更好地展示"数字圆明园"成果，再现"盛世圆明"。[1]（见图1-4、图1-5）通过数字化技术能更好地保护、整合、建构、传播优秀的历史文化，北京作为文化中心、科技中心，必将在文化资源数字化中起到领军作用。

图1-4 "数字圆明园"数字复原图和CAD复原图

图1-5 基于移动终端增强现实感和触摸屏游戏体验

[1] 快乐的老匹夫.历时20年,清华大学女教授将圆明园"复活"!美到极致.[EB/OL].(2021-10-19)[2022-09-08].https://www.163.com/dy/article/GMLNF1N90541HYCA.html#.

（四）首都文化科技智库现状

据调查，2015年首都拥有至少30家文化科技专业型智库（本文所采集的对象包括但不限于北京工商局注册成立的服务于北京文化产业发展的咨询、调研等智库单位），其中国家型文化科技智库占到16%，地方型文化科技智库占到6%，学院型文化科技智库占到30%，民营型文化科技智库占到48%，这些文化科技智库已经成为首都新型智库中不可或缺的力量。仅从智库数量上看，民营型文化科技智库拓展最为迅速。基于北京市的高校资源优势，学院型文化科技智库的实力不容小觑，依托其产学研资源优势，对北京市的文化科技融合以及文化产业的发展做出了重要贡献。

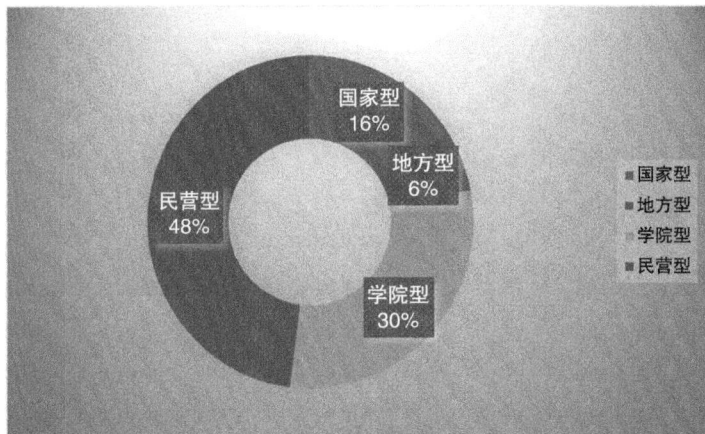

图1-6 2015年首都文化科技智库数量结构概况

随着国家机制的改革，政府与民间组织、企业也开始探索创新合作的模式，首都文化科技智库也适应当代发展需求，出现了以国研智库创新科学园为代表的智库企业与政府组织合作组建的智库类型，且功能更加多元，可以说是综合型的首都文化科技智库。

近年来，首都文化科技智库围绕提升国家软实力、深化文化体制改革等重大问题，重点推进社会主义核心价值体系建设、中华优秀传统文化传承创新、文化产业发展、中国文化"走出去"等重点领域研究，无论在咨政建言、理论建树上，还是在市场研究、公众服务上都取得了不少成就，对指导首都地区文化创意产业发展具有重大意义。随着文化科技智库在新时代的发展，其研究领域及目标定位将更加清晰、明确。

智库的专家学者通过直接参与党代会报告、政府工作报告、五年规划等一系列纲领性文件的起草工作，直接承担中央、国务院和北京市委、市政府交办的具有时效性、对策性和战略性的重大课题，通过向中央及北京市提交内参材料等方式，汇集专家智慧为首都发展建言献策，发挥了重要作用。

四、首都文化科技协同发展的主要问题

通过对国际、国内典型城市和区域的研究比较，以及对首都文化科技资源和融合现状、发展趋势的研究，分析首都文化科技协同发展面临的主要问题。

（一）文化科技融合统计不清，管理不畅

文化与科技融合的管理体制是文化科技产业快速健康发展的重要保障，它关系到文化与科技融合的政策制定、文化科技相关产业资源的有效配置等，从根本上影响着文化产业与科技的深度融合以及文化科技相关产业的健康发展。

文化性是文化产业与科技融合的本质属性，加强文化产业与科技的融合除了要以文化为根本之外，还必须依靠科技的力量，以科技为重要支撑，两者相辅相成，缺一不可。但是，北京市的文化产业在文化部门、新闻出版部门、广播电视部门、信息产业部门等多部门下实行垂直管理，相关部门之间权责交叉，管理混乱，导致科研项目存在交叉立项的情况，一定程度上出现重复投入，也导致了部分统计数据不够准确的现象。文化科技融合的参与主体、发展水平、创新能力、融合环境、融合成效如何，科技的介入对文化建设产生了哪些作用，各部门无法用指标数据准确地对文化科

技融合发展状况进行考核与评估，难以部署与开展工作，这对于推动文化与科技的融合以及推动文化创意产业整体的发展都极为不利。

文化部门与科技部门之间长期隔绝、多头领导、权责不明等原因造成了上述问题，促进文化产业与科技的融合需要建立统一的管理体系和协调机制。改革文化产业与科技融合的行政管理体制，更好地发挥其对文化产业与科技融合的管理职能，是文化创意产业发展战略顺利实施的重要保障，也是北京文化产业与科技融合的重要基础和前提。

（二）文化科技融合相关产业同质化严重

截至 2019 年年底，北京市共有 30 个市级文化创意产业集聚区，150多个区级集聚区和特色文化街区，仅 30 个市级集聚区中涉及文化科技类产业，其中以软件、网络及计算机服务为主导产业的 4 个，网络新媒体、原创音乐制作为主导产业的 4 个，影视节目、动漫游戏制作为主导产业的 3 个，以新媒体影视内容与传播、新闻出版、广告会展、发行和传媒版权交易为主导产业的 3 个，文化科技类产业同质现象严重。截至 2019年年底，北京市入选园区共集聚企业 9655 家，其中，文化企业 7425家。2019 年，园区文化企业实现收入总计 7835.32 亿元，缴纳税收总计286.66 亿元，户均实现收入 10552.62 万元 / 户，约为北京市文化企业平均水平的 10 倍。[1] 园区主导产业既涵盖了新闻信息服务、内容创作生产、创意设计服务、文化传播渠道等文化核心领域，也体现了北京市在文化科技融合、文化金融融合等方面的发展优势。

知识产权保护力度不够是造成同质化现象的另一个原因，知识产权保护力度不够会导致产品同质化日趋严重。目前，我国相关知识产权法律保护体系尚不完善，仅有《商标法》《著作权法》《专利法》3 部知识产权法律，及《著作权集体管理条例》《计算机软件保护条例》等规章条例。北

---

[1] 中国新闻网.北京市级文化产业园区名单出炉 "文化+"特征鲜明[EB/OL].(2020-08-21)[2022-09-08].https://m.gmw.cn/2020-08/21/content_1301484376.htm.

京市仅有《北京市专利保护和促进条例》等4部知识产权法规，著作权、商标权保障法律法规缺失。知识产权保护体系不完善，相关法规规章欠缺，盗版、侵权处罚力度不够，致使知识产权侵权行为井喷式增长。据北京高级人民法院统计，2019年，北京三级法院共受理各类知识产权民事、行政案件80165件，同比增长35.7%，其中知识产权民事案件共57124件，占比71.3%；知识产权行政案件共23041件，占比28.7%。北京三级法院共审结各类知识产权案件79769件，同比增长42.6%，其中，审结知识产权民事案件55803件、知识产权行政案件23966件。[1]

出现这些问题的主要原因在于，知识产权宣传教育力度不够，保护知识产权意识不够，社会缺乏维权意识与反侵犯氛围。政府在立法、行政、司法方面的缺失，相关体制机制建设不到位，也造成了知识产权侵权行为泛滥。加强知识产权保护是营造文化产业与科技融合良好环境的关键，也是北京目前亟待解决的重点问题。

（三）文化科技融合不够，创新模式匮乏

首都文化科技融合最为紧密的产业涉及新闻出版，广告会展，设计服务、旅游、休闲娱乐，广播，电视，电影及软件、网络及计算机服务。其中，软件、网络及计算机服务产业已经成为北京市文化产业与科技融合的第一支柱产业，它不仅创造了最高的产值比重，而且是创造就业的重点行业，以云计算、大数据、移动互联网为代表的战略性新兴领域成为软件行业面向新技术潮流转型的发动机与助推器。

同时，创新模式在文化领域应用仍然有待加强。文化创新形式相对单一，文化与互联网等科技紧密结合的创新模式匮乏。受新冠肺炎疫情等因素冲击，2020年我国新闻出版产业规模有所下降，全国出版、印刷和发行业务实现营业收入16776.3亿元，同比下降11.2%。其中，印刷复制为

---

[1] 人民网-法治频道.北京高院:非免费现场表演音乐作品 侵权每首赔偿最低3000元[EB/OL].(2020-04-21)[2022-09-08].http://legal.people.com.cn/n1/2020/0421/c42510-31682429.html.

新闻出版行业的主要支撑领域，2020 年实现收入 11991.02 亿元，占新闻出版行业总收入的 71.47%；其次是出版物发行领域，2020 年实现收入 2952.97 亿元，占比 17.6%；其余领域收入占比均不足 10%。[1] 由于传统介质出版物受到电子出版物的冲击，加上新冠肺炎疫情的影响，我国新闻出版业及细分产业规模有所下降。北京市新闻出版行业的增加值绝对量虽然逐年提高，但其占文化创意产业产值的比重却逐年降低，从 2004 年的 17.6% 下降到 2013 年的 7.9%，发展速度也有所减缓。此外，文化艺术行业在北京文化创意产业门类中所占的比重一直是最低的。虽然近几年北京市采取多种措施重视博物馆、美术馆、图书馆等文化设施的建设，文化艺术表演和相声、话剧演出活动也逐渐增多，演出行业取得长足进步，但是首都文化与科技的融合还不是特别充分，融合程度也不高，没有发挥出应有的巨大潜力。

出现上述现象的原因主要在以下方面：一方面，新兴文化产业经济收益与盈利能力普遍高于传统文化产业，具有低成本、高附加值的特点，并且具有较强的 GDP 贡献能力。这就使得企业家和政府都不约而同地重视新兴文化产业的发展，加大投入和扶持力度，以此来获得更多的经济收益和 GDP 增长。而对于经济效益比较低的传统文化产业，在以 GDP 为主要经济衡量指标的情况下，往往容易被忽视。另一方面，对于一些具有较高文化价值，而发展面临困境的传统文化业态，人们往往受思维定式的影响，将注意力集中在如何将其保护起来，而忽视运用科技的力量改革传统发展模式、拓展发展空间、增添发展活力。

（四）市场评估要素不足，中小企业投融资能力弱

文化科技融合尚处于发展初期，文化科技融合类企业普遍规模小、资产轻。知识产权与文化品牌等无形资产难以量化，使得文化企业获取政府

---

[1] 国家新闻出版署.2020年新闻出版产业分析报告[R/OL].[2021-12-16].https://www.nppa.gov.cn/nppa/upload/files/2021/12/910c52660b947756.pdf.

资助和银行信贷难度大，发展中面临资金难题。同时，文化科技市场评估等要素的严重缺乏，与文化科技有关的专业评估机构缺乏，导致大部分中小微企业很难获得风投。目前，北京市文化科技企业的投融资能力大都比较弱，自发对接有难度，发展面临着巨大的资金缺口，融资困难、资金不足成为制约北京文化产业与科技融合发展的瓶颈和难题。

1. 投融资渠道单一

金融机构提供贷款仍然是目前文化科技企业最主要的资金来源，但贷款难度大。一是贷款期限，大企业对中长期贷款需求较大，中小企业则对短期贷款需求较多，而银行大多倾向于提供3年以上的中长期贷款，给中小企业贷款增加了难度。二是贷款审批，文化科技企业的资产以无形资产为主，产品市场需求的不确定性，致使金融机构贷款审批周期比较长，如图1-7所示，甚至有超过四成的审批需要半年以上。此外，由于文化与科技融合是一个新兴的业态，其所产生的产品与传统的文化产品在内容、形式、载体等方面都有很大的差异，这就使得文化科技产业在投融资过程中，缺乏一个公平、公正的评价标准，资本方很难进行准确把握，难以广泛吸引社会投资。文化科技企业特别是中小企业在投融资过程中面临着巨大的压力。

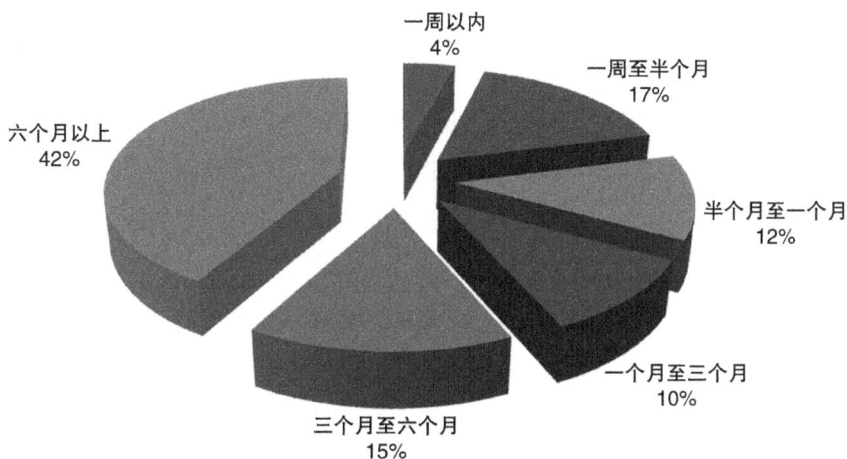

一周以内
4%

一周至半个月
17%

六个月以上
42%

半个月至一个月
12%

一个月至三个月
10%

三个月至六个月
15%

图1-7 首都文化科技企业银行贷款审批周期

2. 享受政府优惠政策少

文化科技企业特别是中小企业，在申请补贴、税费减免和扶持资金时难以享受政策优惠。例如，根据《国家税务总局关于小规模纳税人免征增值税征管问题的公告》有关规定，适用增值税差额征收政策的小规模纳税人，以差额后的销售额确定是否可以享受月销售额 15 万元以下免征增值税政策。即自 2021 年 4 月 1 日起，小规模纳税人发生增值税应税销售行为，合计月销售额未超过 15 万元（以 1 个季度为 1 个纳税期的，季度销售额未超过 45 万元）的，免征增值税。财政部和国家税务总局印发的《关于进一步实施小微企业所得税优惠政策的公告》规定，对小型微利企业年应纳税所得额超过 100 万元但不超过 300 万元的部分，减按 25% 计入应纳税所得额，按 20% 的税率缴纳企业所得税。

综上，导致首都文化科技融合类企业出现投融资能力不足、资金匮乏的原因如下：一、文化科技融合尚处于发展的初级阶段，文化科技认定的标准并未建立，基于市场风险性与收益性因素，资本方与银行等金融机构会倾向于市场风险较小，收益较高的企业和项目。二、北京现有的投融资渠道过窄，资本发育市场不完善，企业可选择的融资渠道有限，过分依赖银行贷款。三、政府制定相关的政策优惠时，不贴近市场，间接提升了中小微文化企业享受政策优惠的门槛。

（五）文化科技融合复合型人才缺乏

文化与科技的融合及其协同创新具有前沿性，促进文化与科技融合所需要的人才不仅要拥有丰富的专业知识，更需要有创新能力、管理能力和国际化视野。目前北京市文化与科技融合的高素质人才严重缺乏，主要表现在以下方面：

第一，人力资源结构不合理。北京文化与科技融合的创意人才多集中于价值链的中低端，创新空间有限。以动漫产业为例，其产业链的高端位置是动漫设计，但北京许多动漫企业并不是以原创性动漫设计的角色出现，大多数还是采取"分包、贴牌"的形式，即承接国外知名动漫公司的"外包"业务,通过简单的电脑描图和输入工作为已创作好的动漫原型和脚本输入动画。北京人才在全球分工中主要集中在产业链的中低端,缺少具有原创能力的高端人才。

第二,人才缺口大,空间分布不均衡。文化与科技融合的行业与产业,具有浓郁的时代特色,无论是创作内容、方式,表现形式还是实现方法,都随着社会、经济、文化的发展而不断变化,这对从业人员的素质要求更高。目前大中院校培养的人员跨学科能力普遍较低,难以满足职位的要求。完美世界教育研究院和伽马数据联合发布的《2018 年游戏产业发展及人才需求特征分析报告》中指出,现阶段,游戏产业求职者主要集中在"北上广深"这些一线城市,近七成的求职者倾向于在"北上广深"工作。游戏人才需求北京第一,且北京地区的游戏职位在工作经验学历方面对求职者的要求均高于其他地区。随着文化科技全面融合,文化科技复合人才出现储备不足的问题。

第三,缺少国际化管理人才。目前北京乃至全国都缺少既懂文化科技,又懂经营管理,同时兼具国际视野的复合型人才。缺乏具有国际经验的文化科技管理人才已成为影响北京文化科技走向世界的重要问题。国际化文化科技管理人才需要具备的素质主要有:外语、文化科技专业知识、国际化视角、战略管理能力、国际环境适应能力等。在调研走访的文化企业中,拥有专业资本运作团队的文化企业只占 19.2%,另有 6% 的文化企业借助外聘专业团队。而占多数的中小文化企业对融资渠道及资本运作依然不熟悉,影响了市场化的成效。

造成人才短缺的原因主要有两方面:一方面,教育体制仍然以应试教育为主,缺乏实践,对学生创新素质的培养有所欠缺。另外,虽然北京的很多高校都设立了相关专业,但文化与科技融合是一个新兴的理念,尚处于发展的初级阶段,相关理论还不成熟,因此在专业课程的设置上还存在诸多不完善的地方,培养出来的人才难以适应市场发展的需要。另一方面,由于一些客观因素的限制,文化科技企业缺乏吸引人才、留住人才的砝码。

绝大多数中小型文化科技企业难以获得国家的资金扶持，且自身经营状况不甚理想，无法支付高昂的人力成本。而且北京市户口名额有限，中小型企业能够得到的户口指标更是少之又少。既无法提供高额的薪酬，又无法解决人才的户口和子女教育问题等，吸引高端人才也就变得难上加难。[1]

总之，在产业要素层面，北京亟须整合文化、科技等资源禀赋，突破技术、资本、产业、市场等要素协同创新的难点与痛点，探索文化科技融合发展模式。在区域层面，北京需要发挥首都优势，突破目前区域带动能力不够以及京津冀地区文化科技协同发展不足的局面，形成引领全国的文化科技协同创新发展模式。

第二节 国内外文化科技融合协同创新借鉴

国际层面，以英国伦敦、日本东京等地为例，主要分析伦敦文化创意产业和东京动漫产业发展现状，探索该地区文化科技融合协同发展模式，论述模式的应用效果和对首都发展文化科技融合相关产业的启示。国内主要借鉴上海张江、深圳等国家级文化和科技融合示范基地等相关模式及经验做法，分析文化科技融合相关产业的产值、规模、类别以及发展趋势，梳理现有重点企业、园区的文化科技融合方式，总结借鉴经验，为首都文化科技融合及协同发展提供重要参考。

---

[1] 毕英乐.北京市文化产业与科技融合的对策研究[D].北京理工大学,2015.

一、国际借鉴

（一）英国伦敦——政府主导型模式

1. 伦敦创意产业发展现状

英国是世界上第一个提出创意产业理念的国家，也是第一个用政策来推动创意产业发展的国家。1998 年英国首次对创意产业进行了产业分类，包含广告、建筑、艺术和文物交易、设计、电影、休闲软件、音乐、广播电视等 13 个行业（见表 1-1）。2018 年年底，英国数字、文化、媒体和体育部公布报告称，英国电影、电视和广告业近年来增长势头良好，数字、文化、媒体和体育领域相关产业产值已达到 2680 亿英镑，其中，创意产业为英国经济做出了创纪录的贡献，产值超过 1000 亿英镑。据英国政府发布的《英国创意产业贸易和投资委员会战略》数据，英国创意产业目前对英国经济的贡献超过 1000 亿英镑（约合 1267 亿美元）。2019 年，英国政府发布的首份英国创意产业贸易和投资委员会战略提出，到 2023 年实现英国创意产业商品和服务出口比 2018 年增长 50%。英国创意产业贸易和投资委员会主席安妮特·金（Annette King）表示，英国是创意产业的全球领导者，这得益于英国拥有丰富的人才，并且从全球各地吸引人才。

表 1-1 英国创意产业分类

类 别	细分领域
产品 服务 艺术和工艺	出版、电视和广播、电影和录像、互动休闲软件、时尚设计 软件和计算机服务、设计、音乐、广告、建筑 表演艺术、艺术和古玩、工艺

伦敦文化创意产业的发展背景，可以基于以下三个因素分析：

①经济环境

按照英国国家统计局发布的数据：2018 年英国 GDP 同比实际增长 1.4%，创下了最近 6 年的新低，英国在 2019 年完成的名义 GDP 总量为 22148.89 亿英镑，约为 2.83 万亿美元。国家经济的增长主要靠创新产业驱动，英国居民消费水平的增高使得人们的文化需求不断增长，文化需求已成为创意产业发展的动力。

②区位优势

伦敦是一个历史悠久的城市，既是英国的政治中心又是经济文化中心。伦敦汇聚了世界一流的时尚创意人才，拥有顶尖的设计师、著名的作家、艺术家等人才资源，全世界许多改变生活方式的重要发明和创意灵感均源自伦敦。此外伦敦还是一个多元化和充满包容性的大都市，世界各地的居民，多元化的种族、宗教和文化在这里融合。伦敦亦是世界闻名的旅游胜地，拥有数量众多的名胜景点与博物馆。以上这些独特的区位优势给伦敦的创意产业提供了广阔的发展空间，并刺激了产业的发展。

③机遇条件

20 世纪末英国陷入经济困境，国内急需寻求改革创新，英国政府的强力支持，给文化创意产业在英国国内发展提供了良好的内部环境；创意产业在全球范围内刚刚兴起，使伦敦文化创意产业在外部也面临着较好的条件。

2. 伦敦创意产业协同模式

伦敦创意产业的兴起，源于政府的主动干预。政府主导型的创意产业协同发展模式是以政府作为产业发展的主体与主导推动力，通过制定相关政策措施与发展战略，实施相关的税收、公共服务等优惠措施，促进某一地区创意产业的迅速形成并高速发展，从而实现创意产业的跨越式大发展。

①伦敦市政府为推动文化创意产业的发展出台了诸多相关政策。1997年，英国政府成立了创意产业小组，并将创意产业发展列为国家发展战略。1999 年，伦敦市政府设立了文化战略委员会。2003 年，伦敦市政府出台了关于伦敦创意产业的发展战略——《伦敦：文化资本——市长文化战略

草案》，提出了卓越、创新、参与、价值的新世纪文化创意产业发展方针。2004年建立了"创意伦敦"工作组，以政府和企业合作的方式运作，广泛征集创意企业的建议，支持和促进伦敦市文化创意产业的发展。2008年，伦敦公布了关于伦敦发展文化产业的战略草案。在世界文化创意产业发展的大背景下，伦敦采取的这些政策和措施有力地推动了文化创意产业的大发展。[1] 近年来，伦敦政府利用数字化技术丰富民众生活，开发多家博物馆并将所有数据档案数字化，积极推动创意产业数字化发展。

②伦敦发展局每年投入3亿多英镑支持文化创意产业的发展，在资金方面为创意产业的发展提供了许多便利。2004年，伦敦市市长启动了"创意伦敦"大计划，促使伦敦创立世界首要创意中心。2005年，伦敦市设立"创意优势基金"，为伦敦创意产业企业家提供资本投入和商业支持。伦敦市政府通过设计各种扶持基金为从事文化创意产业的人员提供资助，激发他们的创意潜力，促进整个伦敦市创意经济的发展。

③伦敦市政府非常注重培养创意氛围，为文化创意产业的发展提供良好的外部环境。伦敦市政府根据该市文化创意产业发展的实际情况确定创意空间及发展类型，然后按其所需提供相应的软件和硬件设施，并大力宣传吸引相关人才聚集。伦敦发展局通过教育培训推介支持公民的创意生活，给公民提供接触创意的机会，如免费开放博物馆和数字化的数据档案等。

④文化创意产业需要大量的创意人才，伦敦市政府为此做出了很多努力。例如：刻意为创意产业提供实习岗位，协同社会团体或组织为毕业生提供继续深造的机会，鼓励更多高等院校设立创意专业等。[2]

3.伦敦文化创意产业协同发展模式对首都的启示

政府大力支持是伦敦模式最主要的特点。虽然北京市政府也制定了一系列扶持文化科技发展的政策，但由于政府职能尚未完全转变，市场配置

---

[1] 王立丽,牛继舜.伦敦文化创意产业发展模式借鉴与启示[J].商业时代,2013,(14):121-122.

[2] 王立丽.北京—伦敦文化创意产业发展模式比较研究[D].北京服装学院,2012.

资源的基础性作用未得到充分发挥，部分行业市场化程度不高，渠道垄断、资源垄断等问题比较突出，在一定程度上影响了资源配置的效率和产业发展的活力。

①建立健全保障体系。首都可以从政策上在资金、税收等方面提供适当的扶持，建立各种文化科技或创意产业发展基金，对符合条件的文化科技企业、项目、人才等实行多种政策；建立非政府机构实行非政府运作，比如说"创意首都"，辅助艺术发展，进行战略性指导和资金扶持。

②创建有效融资体系。鼓励中小企业发展文化科技相关产业。为有创新能力的个人或创意企业拓宽融资渠道、降低融资门槛，使其能得到发展所需资金，推进文化创意企业信用制度的建设，鼓励和规范知识产权评估等中介机构发展。

③以人才为核心的发展策略。建立健全文化人才培养、引进、使用等方面的制度，重点培养相关产业人才，在业务上给予各种培训和指导；同时要加强对其行业从业资质的认证管理。

④集约化的发展思路。进一步优化产业布局，拓展融资渠道，提高资本运营水平，吸引各种社会资金流向文化科技融合产业领域。再以资产为纽带，运用联合、重组、兼并等形式，组建较大规模的文化科技集团，以推动结构调整，提高产业集中度，建立文化创意产业的领军式企业。

综上所述，首都亟须建立完善的政府层级制度，落实文化科技相关产业政策方针，结成供需产业链，将发展落实到位。同时，重视文化科技的教育培养，将文化科技相关专业体系正规化、体系化，重点培养具有创新能力的文化科技人才。通过在"官学"两方面的协同发展，促进文化科技的有机和长效融合。

（二）日本东京——产业带动型模式

1.日本文化产业发展现状

由于本土自然资源极度匮乏，为了加快本国经济发展，1996年，日本提出了文化立国的方案，把文化产业发展作为国家重点发展的产业，动漫游戏、电影、电视取得了卓越的成绩。随着第四次工业革命的到来，日本采用数字技术对文化产业进行赋能，文化产业迅速发展，成为位于世界第二的文化产业大国。2011年，"酷日本"计划启动，通过"讲故事""走出去""引进来"三步走结构，为日本文化打造了良好的国际环境，促进同海外文化交流的同时也促进了日本文化的传播和宣传。日本文化产业目前已经形成从企划、制作再到流通的产业结构运行体系，各类信息得到有效整合。同时，日本十分重视对文化产品的再开发，围绕动漫IP构成庞大的产业链，积极创立文化产品的衍生市场，通过推动周边等产业发展提升文化产品附加值。较为完善的文化产业链，使日本文化产业在进行数字化转型时更具优势。

表1-2 日本文化产业分类

产　业	内容制造产业	休闲产业	时尚产业
分　类	一、个人计算机、工作站、网络 二、电视 三、多媒体系统建构 四、数字影像处理 五、数字影像讯号发送 六、录像软件 七、音乐录制 八、书籍杂志 九、新闻 十、汽车导航	一、学习休闲 二、鉴赏休闲 三、运动设施、学校、补习班 四、体育比赛售票 五、国内旅游 六、电子游戏 七、音乐伴唱	一、时尚设计 二、化妆品

从产业结构高度化来看，日本文化产业呈现数字化升级趋势。日本数字内容产业已形成了网络游戏、数字影音、数字动漫、移动服务、网络服务、数字教育、数字出版、工业设计与数字展示等跨行业产业领域。[1]

---

[1] 周虹.日本文化产业发展的创新路径[J].人民论坛,2016,(28):138-139.

2. 日本东京的动漫产业协同发展现状

日本文化产业已形成紧密联系、高效运转的产业结构体系，资金流畅通，各类信息有效整合，漫画、动画、图书、音像制品和特许经营周边产品在日本已经形成整套产业链（见图1-8），形成了支撑产业创新和发展的强大整体合力。以东京动漫产业为例，动漫产业拥有特殊的链式运营模式，产业链条包含创作——杂志、图书的出版发行——影视动画片的生产——电视台和电影院的播出和放映——音像制品的发行——衍生产品的开发和营销。其中衍生品的开发拓展到了音像、图书、玩具、服装、餐具、文具、游戏等多个领域。同时衍生品在国外市场的扩大，进一步增强了动漫产业的竞争力。

日本动漫产业也与游戏行业深度捆绑，行业缺乏新血供应，导致市场增长引擎乏力。

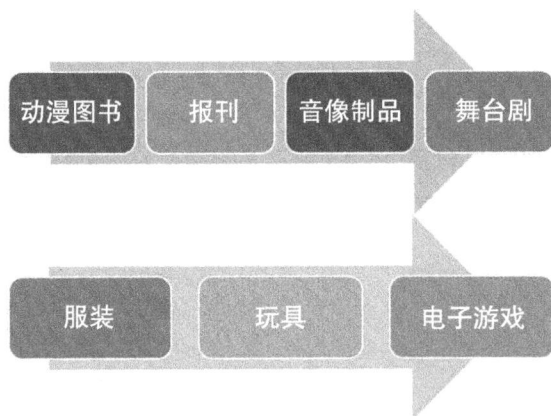

图1-8　成熟的动漫产业链

3. 主要特点和模式

①行政指导，社会参与。日本政府高度重视文化产业，主要通过立法加以引导、为文化产业发展创造条件、提供配套服务等。日本经产省和文

部省是文化产业管理最重要的两个部门，政府设置"产官学"的协作机制促进文化科技融合，通过优化资源组合、发展集约经营、形成规模优势，提升文化产业的整体实力；成立相应的文化产业基金，支援扶持文化艺术演出、展出等活动，出台扶持措施，鼓励企业对文化产业的投入；成立文化产业行业协会，对资金审核执行。政府鼓励扶持各方社会主体广泛参与，充分发挥市场机制的作用，引入竞争机制。市场机制促进了文化产业领域的广泛社会参与，为民间作用的发挥创造了条件。[1]

②动漫为主，全线出击。日本是世界上最大的动漫制作和输出国，东京动漫产业高度发达，具有强大的海外市场渗透能力，动漫和游戏是日本创意产业的核心部分。同时，日本也注重服装设计、旅游产业发展。

③科技支撑，占领前沿。日本特别是东京文化产业的科技含量高，其先进的创意和设计通过科技转化为有竞争力的文化产品。文化产业高度重视内容相关技术的开发、普及，构建硬、软件相互配合的商业模式，将最新科技成果在第一时间应用于文化产品的设计。政府积极鼓励文化投资同信息产业深度融合，如紧跟数字化产品的发展，数字内容产业成为文化产业的战略重点。

④国际视野，文化组合。日本十分重视加强其文化产业的国际竞争力，在推销文化产品的同时，始终伴随着对本国文化的宣传。例如，设立大量的文化交流机构、国际文化基金等。

4. 相关借鉴

日本文化产业发展是集制度创新、技术创新、产品创新、市场创新、组织创新、管理创新等多重创新于一体的产业综合创新。在制度创新上，政府在整体上把握和协调有关文化各相关产业政策和措施的方向性，发挥各界作用，推动文化产业发展。在技术创新上，发挥关联产业优势推进企业协同创新，以企业为技术创新主体，以政产学（研）协同合作为支撑，

---

[1] 李海霞.日本文化产业的主要特点探析[J].天府新论,2010,(6):114-119.

注重抢占数字化创作生产传播技术优势，举国重视知识产权保护。在产品创新方面，注重把创新的思维方式贯穿到产业链的各个环节，核心文化产品开发注重原始创新，形式文化产品开发注重发散创新，延伸文化产品开发注重关联创新。在市场创新方面，注重本土市场全民化布局与分众化"二次聚焦"，注重拓展国际市场，小微文化企业注重缝隙市场开发与精细化市场创新。在组织创新上，注重创新文化产业运营组织体系、文化产业综合经营体系、文化产业融资组织体系、文化产业系列化生产组织体系建设。在管理创新上，注重整合建立高效运行、富有弹性的管理机制，注重将"职业精神追求"融入企业文化和团队建设中。产业各层面的创新，同步联动，形成一种整体的合力和效应。

总之，北京应借鉴东京的相关做法，大力建立健全文化科技产业综合创新体系，大力建设和完善产业园区，形成产业集群，加强文化科技相关产业机构建设，为企业集中发展提供平台。人才培养同样是影响北京文化科技产业发展的重要因素，应继续设立相关科研机构，为文化科技发展提供理论支撑。扶持各类科研机构高效高质量地完成理论成果创新，为首都文化科技实践进行指导。

（三）智库模式国际借鉴

发达国家智库的管理虽然千差万别，但是形成了一些较成熟的机制和管理办法，对北京进行智库的建设和管理有着重要的借鉴意义。

1. 采用较规范的公共政策决策咨询制度

美国的公共政策决策制定过程中采取了公众咨询和专家咨询相互补充、相互依赖的制度。典型的公众咨询形式是公众听证会、利益团体的公开游说活动、对本选区议员的游说活动、在新闻媒体上开展的政策辩论等。美国政府在提交公众咨询的政策方案时往往附有专家的咨询意见和评估报告，以便公众对政策方案有更全面、更专业的认识。另外，美国公共政策决策都有着较为严密的法定工作程序：拟定议案——列举现状和分析问题——制定议案所要达到的目标——拟定解决问题的各种方案——对多种方案进行评估并选定推荐方案——举行公众听证会——拟定执行方案——提交决策。整个过程注意结合专家咨询和公众咨询,体现对决策咨询的高度重视。

2. 给予智库研究人员更为自由、稳定的经费保障机制

在法国,通常在确定研究方向并有充足的经费保障以后,研究人员可以从事风险大、周期长的研究,而不受"要么发表文章、报告,要么走人"的威胁,也不像美国的研究人员,必须尽快出成果,不断发表文章。这样的环境、机制促使法国的科研人员可以一心一意地钻研学问。不过这也使得许多人占据职位,年轻人才的发展空间狭小。

3. 制定严格的科研成果评审及监督机制

法国智库的科研成果均由专门独立的第三方机构来评审。科研成果、个人表现由自己汇总上报,所在单位只报单位的情况,对本单位的科研人员不做褒贬评价。考核和评估人员基本上都是由与被考核单位或人员没有直接利害冲突的人担任,而且这些人有较高的鉴别力,保证了考核或评估结果的公平合理性。

英国的海外发展研究所对其所有的开题项目书、会议纪要、文献、研究报告等都进行同行专家不记名的严格审查。审查内容主要有:研究成果的科学依据及充分论证;报告的陈述、组织有效性;结论公正客观性,以及研究经费的使用情况。

4. 国际智库非常注重研究成果的实效性

英国的智库总能"想政府所想",它们一般不以学术问题研究、学科建设为己任,而以影响政府决策为科研目标,有的甚至提出科研工作要"紧紧跟上国家的决策进程"。决策者是否考虑或者采纳其政策建议,是判断智库影响力大小的主要标准。英国智库充分利用大众传播媒体(网络、广播、报纸、电视),就国内外发生的重大事件进行背景介绍、根源分析、点评并给出对策,以此吸引公众关注和引导舆论动向,从而达到提升影响力,进而影响政府决策的目的,还经常为报纸、政治性杂志撰写文章、发

表新闻预测并及时通告当前问题的发展势态等。英国智库的主要目标并不是直接影响政府决策，而是更加看重其研究成果对于公众舆论的影响，即社会效益，借此提高智库的地位和影响力。[1]

5. 智库与政府、大学、企业保持良好的人才流动关系

发达国家的智库都和政府、大学、企业等尽可能地维系着良好的合作与交流。以美国"旋转门"机制最为著名。其他如英国智库研究人员往往通过访谈或者邀请政府官员到智库作报告的方式与政府"亲密接触"，甚至有很多研究人员直接到政府内任职。近年来，英国政界来自智库研究人员的比例越来越高，甚至有公共政策研究所的高级研究人员到内阁任职。日本也有"管、学、研相结合"的开放型研究体系，推进着智库的可持续发展。例如，日本施行派遣研究员制度，即政府、大学、研究机构向智库派遣研究员，带薪工作一段时间后再返回原单位工作。日本经济产业研究所（RIETI）建立了灵活的、跨学科的研究体制，邀请来自政策制定部门、学术机构和企业界人士共同参与研究讨论。

6. 注重引进和培养全能型研究人员，丰富文化科技智库人才队伍结构

在英国，研究人员既有来自在野党的政党领袖和官员、大学教授、企业家，还有刚毕业的博士生、退休的公务员甚至拾荒者。只要有想法，有多门专业知识和丰富的实践经验，对问题有独到见解，都有可能成为智库的研究人员。

7. 注重成果推广，关注公众舆论

英国智库非常注重宣传成果，也善于宣传成果。一是充分利用大众传播媒体（网络、广播、报纸、电视）解读国内外发生的重大事件，吸引公众关注和引导舆论动向，达到提升影响力，影响政府决策的目的。二是组织各种各样的会议和讲座，举办会议和讲座不仅是英国智库研究进程中必

---

[1] 王佩亨.注重提升影响力的英国智库（下）.[EB/OL].(2013-02-20)[2022-09-08].https://jjsb.cet.com.cn/show_152209.html.

不可少的一个环节，同时也是发挥它对决策影响力的一个有效方式。另外，英国智库还经常为报纸、政治性杂志撰写文章、发表新闻预测并及时通告当前问题的发展势态等。智库内部专设外联部门不惜花费大额资金进行媒体关系的维护。

二、国内借鉴

（一）上海张江——平台创新和政产学研结合模式

1. 上海张江国家级文化和科技融合示范基地发展现状

上海张江基地是国家首批文化和科技融合示范基地，近年来，基地新兴业态增势明显，文化科技创新体系雏形初现。截至 2020 年年底，张江示范区已成为上海创新能力最前沿的区域，集聚了 330 家国家级研发机构，李政道研究所、朱光亚战略科技研究院等顶尖科研机构加速建设，复旦、交大、清华、浙大等在张江示范区加快布局新型研发机构，张江药物实验室、脑科学与类脑研究中心、量子科学研究中心等高水平实验室加快推进；推动了约 10 万家科技企业、9000 余家国家高新技术企业在这里集聚发展；集聚了 820 家创新创业服务机构，其中 42 家国家级孵化器、52 家国家备案众创空间、13 家国家大学科技园、34 家国家资质产品检验检测机构，为创新创业构建完善的服务体系，精准服务一批高成长性科技企业。[1]2021 年年初，上海在线新经济产业园"张江在线"正式揭牌，上海网络出版单位党建联盟正式成立，首批吸纳盛趣游戏、阅文集团、波克科技、哔哩哔哩等 20 家成员单位，同时，基地内先后建立了国家信息产业基地、软件产业基地、网游动漫产业发展基地等主要园区，伴随着 ABCD（A 是指 AI，即人工智能；B 是指 Blockchain，即区块链；C 是指 Cloud，即云计算；D 是指 Data，即大数据）技术和 5G 等技术的不断发展，张江

---

[1] 市政府新闻办.市政府新闻发布会介绍张江国家自主创新示范区建设发展相关情况[EB/0L].(2021-03-30)[2022-09-08].https://www.shanghai.gov.cn/nw12344/20210330/24ab2c5039ce4171b7865f084cd61336.html.

"创新力"正乘风而起；集聚了上海版权交易中心、上海动漫研发公共服务平台、上海动漫博物馆、华人文化产业投资基金等众多市级重点文化产业公共服务平台，依托"集聚化"的专业服务机构支撑，抓住网络游戏、数字出版等产业发展机遇，实现了文化科技快速发展。

2. 主要模式

（1）平台创新的协同发展模式

在文化科技产业发展方面，代表性企业有哔哩哔哩等。以数字技术、信息技术为支撑打造文化内容数字化平台，全面提升文化产业的表现力、传播力，创新交易模式。哔哩哔哩是多媒体平台，依托人工智能、视音频等核心技术，成为在线媒体平台领域的"独角兽"；中文在线依托覆盖手机、手持终端、互联网等的全媒体出版业务的完整技术体系，打通数字出版产业链，携手上海世纪出版集团，共聚优质内容资源，为阅读和学习赋能。此外，如字节跳动、新浪是提供在线媒体及增值资讯服务，中文在线、知网隶属于电子图书、数字出版板块，猪八戒网主打创意集聚。

近年来，上海游戏企业研发实力显著提升，除盛趣游戏、巨人网络等老牌游戏企业外，三七互娱、游族网络等厂商通过收购快速提升研发实力，莉莉丝、米哈游和鹰角网络等新兴手游企业也不断打磨研发实力。上海米哈游网络科技股份有限公司是一家以动画、漫画、游戏和小说等产品为载体，深耕二次元文化的互联网文化企业，业务主要集中在国产动漫文化下的移动游戏、漫画等领域，陆续推出《未定事件簿》《原神》等高品质人气作品（其中 2020 年创作的《原神》是 2021—2022 年国家文化出口重点项目），并围绕原创 IP 打造了动画、漫画、音乐、小说及周边多元作品，在卡通渲染、人工智能、云游戏技术等领域积累了领先的技术能力。

（2）政产学研结合的协同发展模式

上海张江通过政产学研结合方式进行文化科技融合协同发展。一方面通过文化科技企业同高校地理空间的积聚，创新文化产业网络体系的规划理念，形成了以高等学府为中心的文化创新科技产业园区，解决了高校人才的流向问题，通过引进高精尖技术人才为文化产业发展注入了活力，加强了文化科技与教育的纽带。2009年，上海市首个市、区、校三方共建的"环同济创意设计产业集聚区"，即以同济大学建筑设计学院为中心的创意产业集聚区正式揭牌。该集聚区以设计为特色，学科链、技术链和产业链紧密结合，通过有效集成大学优势设计类学科资源，发挥大学知识溢出效应和政府政策扶持效应，加快推进区域内设计创意产业集群式发展。园区孵化平台还吸引了大量建筑行业的龙头企业，许多新锐建筑设计企业也在此集聚。另一方面基地从文化科技跨界人才培养、文化科技公共服务平台体系建设、文化科技骨干企业培育、文化科技融合统计体系建立等方面推进，形成动漫、网络游戏、网络视听、数字出版、移动互联网、下一代互联网和电子商务等产业集群。根据政策方针的导向，从研发角度入手，通过产业园区将产业技术研究院、文化科技研究院以及各类技术创新平台等有机组织在一起，与企业紧密结合，优化资源配置、实施集成创新，参与上海应用技术创新体系建设，以文化科技知识与社会生产要素相结合推动科技研发和成果转化，实现产业链上下游的高效联动协同发展。

3. 经验借鉴

推动张江文化科技产业发展的主要因素是技术创新驱动、产权交易，张江文化科技产业的发展又反过来推动了文化市场和科技市场发展，产生新需求。技术发展激发了新的文化市场需求，新的文化市场需求又要求技术创新与发展，技术发展与文化市场相互促进。产权交易作为文化科技发展的推动力，不仅为产业资金来源提供了保障与支持，同时也让整个产业链持续健康稳定地发展，有效配置产业资源。

从张江文化科技产业发展的支撑条件看，政策引导、服务支持、融资运转等要素必不可少，是其发展模型中不可缺少的支撑要素。任何一个要素缺失都会制约张江文化科技产业发展进程。运用这一创新网络体系优势，可以将社会生产要素与文化科技相融合，在生产链条上形成文化产业的高校协同，形成产供销一体化的产业链条。

北京应该以此为鉴。首先，北京较上海有更多重点院校，可以更好地为文化产业园区提供高精尖技术人才供应。其次，目前全市已经形成了798艺术区、融创动力产业园等一批初具规模的文化创意产业园区，为产业集聚提供了基础。再次，首都范围内有许多科研院所和科研企业，为文化科技相关产业的理论研究和实际发展提供了重要的公共服务平台支撑，国家文化和金融等政策也将助力首都文化科技融合协同发展的进步与成熟。

（二）深圳——市场驱动型模式

1. 深圳国家级文化和科技融合示范基地发展现状

深圳是国内首个被联合国教科文组织认定的"设计之都"，其文化创意、设计等文化科技相关产业在国内占据重要地位。深圳国家级文化和科技融合示范基地利用充分区位优势，发挥"文化＋科技""文化＋金融""文化＋旅游"特色，主要依靠市场运作，制度创新和研发创新相结合，通过扩大产业规模与提升产业层次，以文化创意和科技创新为两大主攻方向，重点发展数字传媒、数字娱乐、数字出版三大产业，构建出分工明确、优势互补、互为上下游的立体多元产业格局。首先，基地重点打造领军文化企业，包括具有行业领先地位、国际竞争力强的行业领军企业，自主创新能力强、技术先进、主业突出的行业骨干企业，以及拥有自主知识产权、发展较快、产品市场前景好的优质成长企业。其次，深圳市南山区依托高新科技发展文化创意产业园区已经形成了"南山经验"，南山区将发挥数字文化产业先行优势，以高标准建设国家文化和科技融合示范基地为契机，加快构建创意引领、技术先进、链条完整的数字创意产业核心集聚区。2022年，《科技部办公厅中央宣传部办公厅关于国家文化和科技融合示范基地绩效评价结果的通知》发布，深圳南山国家文化和科技融合示范基地获评优秀，获评国家级文化和科技融合示范基地。深圳南山国家文化和科技融合示范基地占地面积2129.7万平方米，集聚了华侨城创意集聚区、蛇口文化创意区、天健创智中心、珠光文化科技产业服务基地等园区，以及腾讯、创梦天地、华强方特、华侨城文旅科技、雅昌等一批文化科技融合型企业。目前，南山区数字文化产业在全国领先，2021 年其游戏产业营收超千亿元，约占全国游戏产业营收的 40% 以上。[1] 南山区创意文化产业特色突出，拥有杰恩（国内第一家室内设计上市企业）、奥雅、悉地、艾奕康、华艺、华森、浪尖等设计行业领军企业；动漫影视、演艺、文化旅游、数字出版、高端文化装备领域有华强方特、环球数码、聚橙、大地影院、华侨城文旅科技、梦方文旅科技、懒人听书、爱问科技、掌阅科技、大疆创新、火乐科技等代表性企业。文化产业已经成为国民经济支柱产业，在深圳发展中占据了重要位置，成为全市支柱性产业，战略性新兴产业，带动经济快速健康发展态势明显。

2. 市场驱动为主导的协同创新模式

截至 2020 年年底，深圳全市有超过 1500 家的研究开发机构，其中高新区拥有国家级和省级研发机构 643 家，占全市 40.9%，累计有效发明专利 181960 件，同比增长 17.2%；PCT 国际专利申请量 14660 件，同比增长 38.1%，占全市 72.5%。[2] 原始创新能力实现大幅跃升，文化科技市场驱动效应明显。

深圳已建立起产业发展研究中心、文化创意产业实验室和文化科技企业孵化器，科研院所和实验室相结合，加强理论和应用研究，切实解决文化科技融合过程中产生的困难，更好地服务于文化产业园区的发展。同时，深圳重视科技人员建设，不断优化《深圳市关于鼓励和吸引优秀文化产业人才来深创业的若干规定》的办事服务，推出科技人员持股经营、股权奖励机制、人才伯乐奖等措施完善文化产业人才队伍。深圳还通过建立健全

---

[1] 李天军.南山国家文化和科技融合示范基地获国家级殊荣[N].羊城晚报,2022-04-12(A13).

[2] 深圳特区报.你知道吗?深圳高新区拥有国家级和省级研发机构643家!聚焦深圳高新区系列报道②[EB/OL].(2022-03-03)[2022-09-08].https://www.sznews.com/news/content/2022-03/03/content_24967410.htm.

文博会、文交所等会展平台，发展文化产业链条，建设投资规模化、市场前景好的文化创意产业；通过高新科技支撑和文化产业集聚，促进文化产业园区、文博会产业园区等发展壮大。

3.经验借鉴

深圳市重视科研院所和实验室的作用，协同政府政策，形成了"官研"结合模式。北京需要充分利用科研院所，加强其对文化科技行业的支撑；加强理论和应用研究；政府在立法和财政资金方面应给予扶持，建立文化产业发展的交易平台、技术平台和融资平台，建立文化科技企业孵化器，为园区规划创造优越环境。

总之，国际国内众多的文化科技融合实践，为北京发挥首都优势与推进文化科技融合协同创新提供了模式等方面的借鉴。

第二章

首都文化科技融合协同创新模式分析

文化科技融合协同创新的发展离不开科技的支撑，以互联网为代表的新兴科技在文化行业的研发与应用，对于提升文化产品的创作力、表现力和传播力起着至关重要的作用。随着互联网技术的逐步发展，越来越多的商业形态受到互联网冲击。冲击的不断加深和变革的不断加剧，促使互联网不再仅仅是一种技术，而是逐渐演变成一种思维范式，即"互联网思维"。"互联网＋"与文化产业融合，催生"互联网＋文创"新生态，承担以下"使命"：一是要服务于国家文化安全；二是促进文化产业发展，提升文化软实力和文化影响力；三是将教育、文化与娱乐有机结合，丰富人民文化娱乐生活，潜移默化影响人的价值观、世界观乃至想象力、创造性；四是通过互动娱乐平台打造泛娱乐新生态，探索跨界共生新模式。

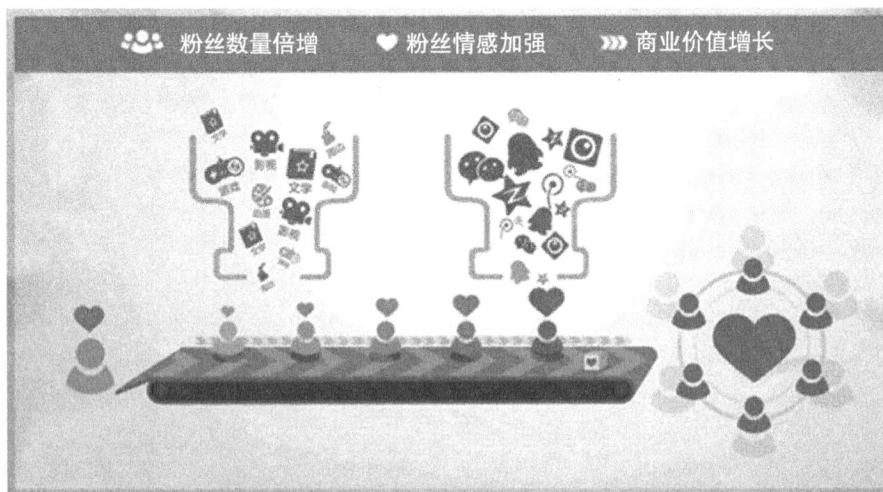

图2-1 基于互联网、多领域合作共生的泛娱乐

基于此，本章主要聚焦互联网等科技和文化产业融合领域，重点探析促进首都文化科技融合协同发展的规律和模式。

第一节 政产学研为主导的协同创新模式

为了深入探索首都文化科技融合协同创新发展模式，本研究对北京、深圳等地进行了大量的调研工作，调研路径如下表2-1所示。

表2-1 调研情况表

调研城市	调研对象	几点结论
北京	北京市工业设计促进中心	政府具有导向作用； 文化科技服务政策体系不够完善； 中小企业融资困难； 文化科技公共服务平台规模小而散； 文化科技融合统计不清，管理不畅； 文化、科技行业条块化分割严重， 管理体系不明确； 文化科技融合复合型人才缺乏
	汉威信恒展览	
	大麦网	
	触控科技	
	中国民营文化产业商会	
	芭乐互动	
	中文在线	
	爱奇艺	
	朝阳区生产力促进中心	
	融创动力产业园	
深圳	南山区	市场驱动明显； 公共技术服务平台需求量大； 文化背景人才不足； 中小企业融资困难； 尚未建立文化科技服务体系
	腾讯	
	华强	
	数虎图像	
	福田区文化创意产业协会	
	易尚展示	

本节在实地调研首都文化科技企业、园区及相关政府部门的基础上，结合国内外文化科技融合协同相关的理论研究，归纳概括了以政产学研为主导的四种协同创新基本模式。

一、以政府为主导的文化科技融合协同创新

（一）模式阐析

政府是产业竞争力形成的催化剂，首要任务是创造一个支撑生产率提升的良好环境，政府引导的环境、模式将会影响文化科技融合的发展方向。政府在政产学研合作中具备制度创新的主体优势，具有协调组织、管理、引导和重点投入等多重功能，能够推动良好的工作机制和政策环境的形成，制定完善、合理、配套的政策与措施，完善高等院校、科研院所与产业界之间的沟通渠道，促进产业界和高等院校、科研院所的合作，切实提高政产学研合作的实际效能。以政府驱动的文化科技融合协同创新是指在遵循市场经济规律的前提下，充分利用其掌握的公共资源，发挥宏观管理和调控职能，通过课题、项目的发布，以及国家级文化和科技融合基地等的评定，加强文化科技资金支持、人才培养、知识产权保护等方面的政策扶持体系构建，推动科技在文化产业中的应用，提升文化产业的核心竞争力及与科技的协同作用，推动文化科技融合协同创新工作开展，实现文化科技高效融合发展。

2015年3月，国务院颁布的《关于发展众创空间推进大众创新创业的指导意见》中提出，众创空间工作要成为"大众创业、万众创新"的营造者，为经济发展提供引擎，从创客和创业需求出发，把众创工作与金融、环境建设、政策服务等有机结合起来，抓住众创发展机遇，为经济助力。当前，首都正在努力打造国家创新创业首选地，为"大众创业、万众创新"提供基础，并发挥示范引领作用，做好市场资源配置、政府公共服务等方面的工作，推动众创空间国际化、网络化、专业化和市场化。2018年，财政部、税务总局、科技部、教育部四部委联合发布《关于科技企业

孵化器 大学科技园和众创空间税收政策的通知》显示，自2019年1月1日至2021年12月31日的3年时间内，对国家级、省级科技企业孵化器、大学科技园和国家备案众创空间，自用以及无偿或通过出租等方式提供给在孵对象使用的房产、土地，免征房产税和城镇土地使用税；对其向在孵对象提供孵化服务取得的收入，免征增值税。[1]2022年，国家税务总局发布了新版《"大众创业万众创新"税费优惠政策指引汇编》，将分散于不同税种单行文件中的税费优惠政策进行分类汇集、全面解读，便于不同类型纳税人缴费人及时全面知政策、会操作、能享受，推动税费优惠政策直达快享。[2]

（二）典型案例

1.概况

朝阳区生产力促进中心（以下简称"中心"）正从孵化器联盟建设、国家级文化科技融合基地建设等方面着手推动众创空间工作的开展。朝阳区生产力促进中心是隶属于北京市朝阳区科委的事业单位，中心是以增强企业技术创新能力、加速科技成果转化、改善区域投资发展软环境为目的而专门设立的综合服务机构，与中关村科技园区健翔园管委会实行"一套人马、两块牌子"的统一有效管理体制。2013年，朝阳区申报国家级文化科技融合示范基地，主要依托区域内雄厚的科技实力和丰富的文化产业资源。目前辖区内共有26.1平方公里属于中关村科技园区"朝阳园"，分两个管委会管理，一个是电子城管委会，一个是垡头管委会。朝阳区的申报主要依托朝阳园中的电子城、CBD走廊、奥林匹克园区等文化科技相关

[1] 国家税务总局.财政部 税务总局 科技部 教育部关于科技企业孵化器 大学科技园和众创空间税收政策的通知[EB/OL].(2018-11-01)[2022-09-08].http://www.chinatax.gov.cn/n810341/n810755/c3855604/content.html.

[2] 国家税务总局."大众创业 万众创新"税费优惠政策指引[EB/OL].(2022-05-21)[2022-09-08].http://www.chinatax.gov.cn/chinatax/n810341/n810825/c101434/c5175498/content.html.

的园区，以软件网络计算机服务、文化传媒、艺术品交易等为主。朝阳区目前借助文化传媒、设计服务，重点发展"三新"即新移动通信、新医药、新能源文化科技融合的创新产业。朝阳区生产力促进中心荣获 2018 年度全国"服务贡献奖"，为区域经济创新发展做出了卓越的贡献，未来朝阳区生产力促进中心将会在中国生产力促进中心和区政府的引领和指导下，不断推动科技与经济紧密结合，找准自身的位置和重点发展领域，加速整合全区科技资源，为中小企业提供全方位的服务，为社会不断添砖加瓦，为实现中华民族伟大复兴的中国梦做出贡献。[1]

2. "政府驱动 + 公共平台服务"的协同创新模式

朝阳区生产力促进中心采取以"政府驱动 + 公共平台服务"的协同创新模式，在园区办公，并帮助企业解决公共的文化科技问题。在"大众创业，万众创新"的形势下，中心作为科技资源整合的重要平台，可以为中小微创新企业的发展提供政策引导与服务，为园区搭建公共服务平台、做好品牌认证，也为朝阳区创新创业企业提供技术合同登记、高新企业认定服务、项目申报、首都科技创新券申领和科技金融服务等科技政策支持。中心通过平台吸引大量的科技创新资源，以便更好地服务于"双创"活动，助力中小企业成长壮大。同时，朝阳区生产力促进中心和企业结合自身发展实际情况，加强在人才建设、研发、成果转化和科技服务等方面的对接与合作，进而为企业发展提供更加及时到位的服务与支持，使中心更加全面地了解孵化器和企业在发展中的需求和困难，有针对性地强化孵化体系建设和推动中心科技服务和管理职能落地园区。

融创动力科技文化创意产业基地是由融创动力（北京）科技孵化器有限公司全力打造，以推动文化创意相关产业多项交互融合发展为理念的专业孵化器和产业集聚区。基地以文化创意企业、设计服务企业、相关科技

[1] 区科学技术和信息化局.朝阳区生产力促进中心荣获全国生产力[EB/OL].(2019-12-02)[2022-09-08].http://www.bjchy.gov.cn/dynamic/news/8a24fe836e8810aa016ec5fc86663459.html.

企业、院校为主要的服务对象。目前基地正在与北京市生产力促进中心合作，建设"融创空间"专业文化科技公共服务平台，并成为朝阳区第一批认定的众创空间。融创动力科技园体现了政府推动下的文化科技融合协同创新模式，即政府推动和扶持企业搭建公共服务型平台，通过直营孵化器的方式进行。同时，生产力促进中心人员入住园区，与基地共同为入孵化器企业提供工商注册、日常咨询、资源对接、政策解读、项目申报等服务，建立创业导师和产业导师机制，培养明日之星企业和人才，为入孵优秀企业争取朝阳区、北京市相关专项和财税政策支持。

朝阳区高度重视文化建设，以创新发展为主题，重点从五个方面促进文化与科技的深度融合：

（1）政府服务方面搭建文化科技创新平台。整合文化科技创新资源，加强文化产业关键领域核心技术的研发和科技转化的水平，提高自主创新能力和水平。

（2）从产业考虑，鼓励传统文化产业实施科技应用和技术升级。积极培育新兴的文化产业业态。

（3）从融合发展方面，加强文化与高新技术、现代金融服务产业的融合、互补发展，优化资源配置。

（4）从驱动的联动方面，以产业型发展为纽带，深入功能区联动同步发展。重点推进CBD定福庄国际传媒产业走廊和电子城功能区的相互支撑和互相促进。

（5）从队伍保障方面，以人才结构调整促进产业结构调整。通过高端人才的引进、区校共建、凤凰计划等形式建立文化科技复合型的人才队伍。

二、以企业为主导的文化科技融合协同创新

（一）模式阐析

以企业为主导的文化科技融合协同创新模式分为两种，一种是以满足企业需求为核心，根据企业自身需求，通过人才招聘、服务购买、并购重

组等方式，为科技企业提供创意设计服务，满足企业提升工艺水平等方面的需要。企业在科技成果转化和技术创新阶段经历瓶颈期时，由于自身技术实力和研发能力有限，以追求更丰硕的经济利益为主要目的，主动与高等院校和科研机构进行协作，形成具有经济意义的产学研协同创新组织，并在协作中发挥牵头作用，主导产学研协同创新的发展方向和进展程度。在该模式下，企业决定双方合作的研发项目内容、具体研发形式和科研范围，并且主动承担合作中由科研成果转化或投机行为所引起的结盟成本或风险，高校和科研院所的任务则是向企业提供知识和技术支持、咨询等服务。另外一种是以企业为核心，与政府合作，集中利用双方资源，为第三方搭建产业发展的平台。

"大众创业、万众创新"不能泛泛而谈，要专业化，细分化。目前，从众创空间的类型来看有以下模式：

模式1：活动聚合型

以活动交流为主，通过定期举办想法或项目的发布、展示、路演等创业活动聚合。例如：北京创客空间、上海新车间、深圳柴火空间、杭州洋葱胶囊等。

模式2：培训辅导型

旨在利用大学的教育资源和校友资源，以理论结合实际的培训体系为依托，是大学创新创业实践平台。例如：清华x-lab、北大创业孵化营、亚杰商会等。

模式3：媒体驱动型

由面向创业企业的媒体创办，利用媒体宣传的优势为企业提供线上线下相结合，包括宣传、信息、投资等各种资源在内的综合性创业服务。例如：36氪、创业家等。

模式4：投资驱动型

针对初创企业最急需解决的资金问题，以资本为核心和纽带，聚集天使投资人、投资机构，依托其平台吸引汇集优质的创业项目，为创业企业提供融资服务，从而提升创业成功率。例如：车库咖啡、创新工场、天使汇等。

模式 5：地产思维型

由地产商开发的联合办公空间，类似 WeWork 模式。例如：SOHO 3Q、优客工场（UCOMMUNE）等。

WeWork 模式带来了新的产业机会，传统房地产企业纷纷加入。SOHO 3Q 项目主打"办公室在线短租"。原万科集团副总裁毛大庆离职创办"优客工场"，以构建共享办公空间为目标，为创新企业提供全产业链服务，建设基于联合社群的商业社交平台和资源配置平台。原 SOHO 中国副总裁王胜江宣布与洪泰基金联手打造"洪泰创新空间"。绿地、亿达等知名房企开始嫁接"互联网+"因子，打造中国版联合办公租赁空间运营商。在上海，融信绿地在大虹桥的中小企业成长平台，打造与 WeWork 竞争的 MO.ffice。

模式 6：产业链服务型

以产业链服务为主，包括产品打磨、产业链上下游机构的合作交流、成立基金进行合投等。例如：创客总部。

模式 7：综合创业生态体系型

提供综合型的创业生态体系，包括金融、培训辅导、招聘、运营、政策申请、法律顾问乃至住宿等一系列服务。例如：创业公社。

（二）典型案例

近年来，中关村深入实施创新驱动发展战略，新技术、新产业、新业态、新模式竞相涌现，成为中国高新技术发展的龙头。据北京方迪经济发展研究院、中关村创新发展研究院发布的"中关村指数 2021"，2020 年示范区有 69 家企业入选欧盟"2020 年全球企业研发投入 2500 强"；企业 PCT 申请量 6193 件，同比增长 33.5%，累计创制国际标准及国外先进标准 505 项；2020 年新设立科技型企业 2.6 万家，平均每天新设立科技型企业 72 家；截至 2020 年年底，示范区拥有国家级科技企业孵化器 63 个，在孵企业数 6677 家，国家级众创空间 118 个，硬科技孵化器 42 家。[1] 这得益于中关村良好的创新发展氛围和协作体系。

三、以实验室为主导的文化科技融合协同创新

（一）模式阐析

以实验室为主导的文化科技融合协同创新模式是以科研机构及高校实验室为核心，联合政府、企业共同围绕国家重大战略需求、重大科技项目，为解决行业关键和共性技术以及生产实际中重大问题投入各自优势资源和能力，通过项目研发、基础科研等方式，合作攻关，力求在科学研究、技术开发上取得重大进展和突破的创新活动。

（二）典型案例

1.概况

演艺装备系统技术文化和旅游部重点实验室于 2014 年 11 月经原文化部批准成立，是文化和旅游部首批重点实验室。实验室立足传统表演艺术转型升级，演艺科技是推动表演艺术创新发展的动力。实验室建立 4 个对社会开放的平台：①面向科研单位科研能力提升的基础支撑平台；②面向演艺科技企业产品创新的技术研发平台；③面向政府和市场服务的工程技术应用服务平台；④面向行业创新发展的演艺创意科研服务平台。实验室的建立实现了仪器、设备和实验环境共享，基础科研和共性科研成果共享；与国内大专院校、科研院所、装备生产企业、文艺院团以实验室科研合作的方式联合培养我国演艺科技的科研梯队和可持续发展领军人才，使之成为我国演艺科技人才培养基地。2018 年 10 月，经人力资源社会保障部和全国博士后管理委员会批准（人社部函〔2018〕127 号），中国艺术科技研究所正式设立了博士后科研工作站，工作站将依托"演艺装备系统技术

---

[1] 陶凤,王晨婷.平均每天新设立科技型企业72家 中关村创新能级实现新跃升[EB/OL].
(2019-12-29)[2022-09-08].http://m.bbtnews.com.cn/article/253250.

文化和旅游部重点实验室"和"艺术品鉴证重点实验室"两个科研支撑平台,培养文化和科技融合的跨学科多学科研究人才。

2."技术引领 + 平台"模式

在数字公共文化服务、智慧旅游、文化装备等艺术科技基础领域和技术研发领域方面,以文化和旅游部重点实验室为主导的协同创新模式体现在国家文化科技提升计划等重大科技项目上。国家文化科技提升计划从2010年启动到2016年专项结束,共立项79项,涉及文化行业各个领域,基本实现了科技在文化工作中的全覆盖。国家文化科技提升计划项目——"移动式公共文化方舱系统",依托重点实验室,搭建了一套统一化、系列化、标准化方舱形式的(基型)承载平台,通过自身配套的标准撤装附件,完成方舱的车辆装卸和短距离移动,操作、维护简单便捷,相较于现有同等功能的专用车辆,整体造价低、使用寿命高,可以替代目前各种繁杂、功能单一的文化专用车辆。通过在研制的标准(基型)方舱基础上进行功能上的改装与开发,逐步形成适应不同地区、满足不同需求,能车载能流动使用,又能落地半固定使用的各类舞台、图书、放映、数字化图书馆等功能化方舱。中科院云计算中心优秀传统文化大数据联合实验室,2021年联动中国电视剧制作产业协会、中视传媒股份有限公司、中央电视台科教频道、深圳市国际投融资商会等,为城市提供高端智库服务、文化产品传播整合服务以及投融资服务,夯实"城市文化合伙人"模式。优秀传统文化大数据联合实验室围绕中华优秀传统文化传承与发展,推动中国传统工艺振兴,对中华优秀传统文化进行创造性转化、创新性发展,优秀传统文化只有真正走出去,才能在全球受众的反馈中,找到适合的文化表达方式,提升中国故事的全球布局能力。

实验室依托单位积极参加文化行业组织的国际、国内重要学术会议和交流活动,并与国内外演艺装备制造企业、综合性演出场馆和相关科研院所和高校有着广泛的合作交流。目前,实验室已经和多个相关单位形成了产学研用合作机制,建立了产学研用合作基地,充分发挥双方在技术、人才、市场等方面优势，融合互补，为文化创意产业做贡献。近年来，实验室与其他机构合作的典型案例如下：

（1）与中国传媒大学在学术交流、资源共享和人才培养等方面展开了长期合作，共同参研了"文化资源数字化关键技术及应用示范""演艺场所舞台机械噪声检测及控制标准研究""我国下一代网络化演艺灯光系统架构与技术标准体系研究""剧场信息的规划整合与全国剧场普查信息系统建设研究"等国家级和省部级科研项目，在推动演艺业常规装备的技术革新、现代演艺服务技术和演艺资源交互等方面取得了重大突破。

（2）与国家大剧院签订了战略框架合作协议，为国家大剧院提供技术咨询服务。依托国家大剧院的环境与设施，共同参研了"室内声学设计""国家大剧院音乐厅音质评价""音响系统设计""剧场等演出场所观众排椅的研究"等省部级重大课题，为国内剧场建设提供了科学的技术资料。

（3）在财政部社会公益项目"中国文化地图"研究过程中与北京水晶石数字科技股份有限公司探索文化艺术与高新技术融合的模式，研究文化创新的方法，积累文化数字化技术与经验，为全面推动我国文化地理信息系统建设，后续开展重大项目申报奠定基础。

（4）与镇江市旋丽电器有限公司在多年的技术交流和"便携式小型灯光系统研究""便携式小型灯光控制系统配套灯具及附件研究""便携式小型音响系统研究"等多个科研课题的合作中，建立了友好和谐的科研协作关系。在双方多个科研合作基础上，利用各自的互补优势共同成立"中国艺术科技研究所镇江旋丽电器科研基地"，进一步扩大双方的合作范围，建立起长期稳定、互利合作的科研关系。

（5）与原总装备部工程设计研究总院合作了国家文化科技提升计划项目"移动式公共文化方舱系统"，不仅符合公共文化发展需要，同时具有系列化、标准化、功能化等特点。随着信息技术的数字化、网络化、智能化，物联网，云计算，大数据等快速演进，文化科技融合在推动表演艺术创新发展的过程中，"技术""艺术""经济"开始全面融合。文化广场、城市景观、建筑秀场、技术秀场、娱乐游乐、会议展会等新兴领域的技术应用层出不穷，跨界、跨业融合的方式和产业模式日益繁多。实验室逐渐意识到将演艺科技的研究与演艺产业创意发展联系起来的重要性，应该尝试剧院进家庭、剧场进商店、表演广场化、餐饮剧目化等多种形式的演艺创意产业模式。对此，实验室建设过程中，拟建立"演艺科技创意产业科研服务平台"，以"文化与科技融合"的创新实验，系统研究并广泛开拓演艺产业与其他产业的融合模式和盈利模式，在实验室平台上创立"演艺体育产业""演艺博物产业""演艺会展业""演艺休闲业""演艺餐饮业""演艺房地产业""演艺创意园"等多种类创意产业，主要进行科技产业特点、运营模式、盈利模式、文化与科技融合发展路径等研究，开展国际交流合作，培育并推动我国演艺科技创意产业健康发展。在演艺领域建立文化和科技融合应用示范平台，为我国演艺产业多途径发展奠定实验基础。

四、以产业联盟为主导的文化科技融合协同创新

（一）模式阐析

产业联盟是一定区域、同一产业内或互补产业间的众多企业或机构，为了实现资源共享、优势互补等战略目标，建立正式或非正式的合作关系，获得"双赢"或"多赢"效果的一种合作方式。产业联盟通过建立良好的技术分工和协作机制、技术创新和转换机制、产品研发和应用机制、利益共享和风险分担机制，集聚各自局部优势形成整体优势，锻造一支强大的文化科技融合发展队伍。

近年来，以"产学研用"相结合方式出现的产业联盟，能够把拥有科技创新资源的高校、科研院所和企业直接联系起来，成为文化科技协同创新的有效载体，既有利于深度整合创新资源、实现"产学研用"之间的无缝对接，也能平衡各方利益，协商解决行业存在的共性问题；既突破了条

块分割造成的体制障碍，又形成了互利共赢的市场化机制，促进企业真正成为技术创新的主体。

（二）典型案例

北京市目前已经建立了中关村—台湾绿色科技文化产业联盟、中关村核心区三大文化和科技融合新兴产业联盟（中关村核心区互联网电视产业联盟、网络教育产业联盟和工业创意设计产业联盟）、中关村数字视频产业技术创新联盟、动漫游戏产业联盟、设计产业联盟、中国航天文创产业联盟等多个产业联盟。产业联盟整合文化科技产业链上的各种资源，促进上下游产业融合发展，全面提升联盟行业核心竞争力，共同拓展销售渠道，开发国际新兴市场，为终端客户提供更创新的完整解决方案，制定行业标准，引领行业发展。

互动媒体产业联盟为国内网络媒体的发展做出了突出贡献。互动媒体产业联盟成立于 2007 年，由国内致力于新产业发展的内容、服务、网络、产品制造、芯片和软件研发等多家单位自愿发起成立。联盟以推动国内产业发展为目的，以早日实现"三网融合"为目标，通过新业务的推广，带动国内企业在宽带和多媒体领域实现技术和产品创新，加快信息产业、传统服务业的结合。联盟成员已经分别在 IPTV、移动流媒体、互联网视频、多媒体业务、在线游戏、在线广告、娱乐家庭等多个方面取得进展，为国内相关产业的发展做出了突出的贡献。

2011 年，中关村移动互联网产业联盟正式成立。联盟旨在支撑战略性新兴产业布局、推动中关村移动互联产业圈的加速发展，引领创新、辐射全国，目标是将中关村国家自主创新示范区打造成为全国移动互联网产业中心。联盟由北京电信、北京移动、北京联通、盛拓传媒等 17 家在移动互联网领域具有代表性、拥有核心竞争力和较好产业基础的企业发起成立。

2011 年，中关村数字视频产业技术创新联盟成立，是国内第一家具有社会团体法人资格的产业联盟。联盟由从事数字视频内容数字化与网络化生产、管理、运营技术全面支撑服务的国内外著名企业、国家级科研机构和大学、中关村开放实验室及其他产业技术创新型单位组成。

第二节 以平台和智库为主导的文化科技融合协同创新

一、以平台为主导的文化科技融合协同创新

采取产品模式、创新园区模式、孵化器模式、大数据模式、人才带动模式等相结合的综合型发展模式，构建首都文化科技融合协同创新平台。

（一）产学研结合的文化科技创新园区模式

北京可以借鉴东湖文化科技创新研究院模式，打造产学研结合的文化科技创新园区。武汉文化科技创新研究院是武汉市政府与华中师范大学、东湖高新区等共同组建的，研究院的性质是文化与科技融合的企业服务机构；研究院设理事会、专家委员会、院长等职务，下设七大分中心。研究院拟在东湖高新技术开发区未来科技城建设研发园，为武汉市乃至全国的文化和科技融合企业提供相关服务。这种模式依托高校、科研院所和文化科技龙头企业，建设一批示范性公共技术服务平台，建设文化科技融合孵化器、加速器，培育一批企业，支持产学研用发展战略联盟。北京可以借鉴以文化为需求、科技为支撑的"文化＋科技＋园区＋运营"产品模式。

（二）文化产业孵化器模式

孵化机构是连接科技创新源头和高新技术产业的桥梁，是培育自主创新企业和企业家的重要平台，是国家科技创新体系的重要组成部分。文化科技产业孵化机构可学习放大中关村软件园的孵化模式，充分发挥自身优

势，积极探索建立以专业技术服务、创业指导服务、天使投资服务等为特色的孵化服务机制，打造一个集技术引进、成果转化、创业孵化和产业发展功能为一体的文化科技创新合作与转移平台。

（三）通过互联网孵化的大数据模式

通过网络提交、网络评选、网络展示、在线体验为形式的企业和项目的网络孵化模式，提供一个信息整合网络化、信息显示多媒体化、信息更新实时化和信息体验互动化的全新平台。

（四）跨界人才培育带动模式

在此模式中，政府通过设立文化科技跨界创新基金，为企业提供专项培训费用，科研机构与企业合作建立研发生产基地，完善区域创新环境，从宏观上引导其他创新主体为区域创新做出贡献，有效地培养跨界创新人才。通过这种跨界人才的培养，促进知识、人才在各大主体间的流动，促进项目成果的市场效益转换。

二、以智库为主导的文化科技融合协同创新

按照属性进行分类，首都文化科技类智库可以分成国家型文化科技智库、地方型文化科技智库、学院型文化科技智库和民营型文化科技智库等类型，见表2-2。

表2-2 文化科技智库四大类型比较

类 型	文化科技智库性质	组织形态	主要经费来源	研究方向
国家型	中央政府机关或事业单位	严密	中央政府拨款	主要面向中央政府，根据需要可以面向社会
地方型	地方政府机关或事业单位	严密	地方政府拨款	主要面向地方政府，根据需要可面向社会

学院型	事业单位	较为松散	教育部或高校系统拨款	比较宽泛，包括政府项目，校级或学院项目，也会接社会企业等项目
民营型	社会团体、商业机构、企业	松散	多元化的拨款	研究方向多样化明显，主要针对文化科技智库市场需求界定其研究方向，也根据需求承担政府或者高校的相关项目

（一）国家型文化科技智库

主要是指隶属于国家及相关政府部门，为各级领导提供决策服务的研究机构。这类机构一般负责协助或承担国家和政府相关工作报告的起草，政府决议的拟定等工作。此类型文化科技智库虽然接受政府资助，直接服务于政府，主要接受国家文化创意产业发展的相关报告和决议方面的工作，但是根据文化创意产业发展实际需求，也可以接受社会相关项目的委托。以智库为核心，形成智库产业新业态。北京亦庄中国智库科学园是由国务院发展研究中心下属的国研智库与亦庄城投公司共同成立的中国首家智库类园区，是有益的尝试。

（二）地方型文化科技智库

地方型文化科技智库主要是指隶属于地方政府及相关部门，为市政府领导及相关部门提供决策服务的研究机构。北京市政府高度重视，全国文化中心建设各相关部门积极整合力量，设置专门的文化事业、产业研究机构。这类机构主要承担北京市政府及相关部门工作报告的起草，以及决议的拟定工作等。另外，将隶属于北京社科院的文化研究机构划分到地方型文化科技智库，此类型智库接受地方政府的资助，主要承担北京地方文化产业及相关领域的报告和决议拟定方面的工作。

（三）学院型文化科技智库

主要指隶属于大学，从事文化发展政策研究和决策咨询的组织。随着文化创意产业的兴起和发展，越来越多的高校开始重视文化领域学科的建设，在推进产学研合作发展模式的过程中，一批学校重点打造了文化创意产业领域的专业智库。这些智库由大学单独或者有其他机构、团体协助创建，通常兼顾学生培养和政策研究双重任务。其经费主要来自隶属学校的拨款和一些基金会、企业赞助或私人捐助。主要从事长期性的和深度性的学术研究，非常注重创新。研究人员多为校内相关学科的学者或者其他大学和研究机构聘用的研究员，服务对象和研究课题比较广泛，且涉及政府决策项目、学校或其他单位项目等。学院型文化科技智库具有知识密集，人才队伍梯队完善，尤其是高层次人才多，专业资料丰富，学术氛围浓厚等独特优势，这些优势能促使学院型文化科技智库在运作时产生许多创新的想法和建议。不过这类文化科技智库一般没有权利与校外的独立法人签订任何合同，也不能进行财务上的独立核算，因此它们必须依附于所属的大学。

（四）民营型文化科技智库

主要是由民间出资组织并且体现社会公众文化需求或者对文化政策需求的公共政策研究机构，这类智库大部分都是由企业、私人或民间团体创设，在组织上独立于其他任何机构，其经费可获得政府资助的占比较小，主要来自大的基金会或者企业自筹，不过它们通常也要和政府保持密切的关系。研究人员大多由专家、学者或者前政府官员组成。规模大的设置有专职人员队伍，规模小的则除了一些专职管理人员之外，只需要根据课题要求邀请各方面的专家和学者参加研究，组织形式也比较松散。虽然服务对象和研究课题范围更加广泛，但与国家型、地方型等文化科技智库一样，民营型文化科技智库专注于前瞻性和紧迫性的文化政策研究，能够为政府提供建议，能够影响社会舆论，并致力于服务公共利益。随着改革开放之后社会主义市场化的进程加快，首都地区作为全国的政治和文化中心，文化创意产业的发展进入了崭新时代，民营型文化科技智库发展前景广阔。据调研发现北京市已经形成了较完整的民营型文化科技智库生态体系，北京方迪经济发展研究院、北京道略管理咨询有限公司、艾瑞咨询、零点有数等占据着北京市文化科技智库市场中的重要份额，在文化创意产业发展的战略需求中寻找着各自专注的方向。如 2009 年成立的北京新元文智咨询服务有限公司就是专注于文化创意产业投融资方面咨询的专业智库公司。

综上，本章主要分析首都文化科技融合协同创新的几种模式（详见表2-3），结合资料搜集、梳理与实际调研的情况，梳理以下模式。

表2-3 促进首都文化科技融合协同创新的主要模式

驱动力量	模式	名 称	特 点
以政府推动	孵化器＋公共服务平台	朝阳区生产力促进中心、融创动力产业园	政府引导的孵化器，众创空间
以企业为主导	平台创新	大麦网、爱奇艺、芭乐	平台经济
	技术引领	触控科技	核心引擎技术
	消费引导	小米科技	
以实验室为主导	科技支撑	演艺装备系统技术文化和旅游部重点实验室	产学研结合
以产业联盟为主导	平台集聚	中国民营文化产业商会	平台资源，集聚效应
以平台为主导	产业集聚	中关村软件园	产业集聚、平台集聚
以智库为主导	智力支持	北京亦庄中国智库科学园	智力、智慧、智造

第三章

首都文化科技融合协同创新重点领域分析

随着社会经济发展，人们需求和生活方式的改变，科技创新与文化产业的关联度越来越高。由数字技术和网络信息技术掀起的高科技浪潮在改造提升传统文化产业的同时，还催生了一大批新的文化形态和文化业态。同时，文化内容和传播方式的创新不断驱动传统科技产业参与到文化领域的活动中来，通过科技与文化创作、生产、传播、消费的各个环节相互交融，改变着原有企业的规模和形态。[1] 特别是以"互联网 + 文化产业"为代表的文化科技领域，一方面，互联网等科技激发文化消费需求，反过来推动了文化产品供给；另一方面，互联网打通文化领域产业链，促进文化产业整体业态升级。本章基于前文所阐述的首都文化科技融合协同创新模式，详细研究首都文化科技产业领域以及成果展示和传播领域，主要涵盖在线票务、剧场等传统产业领域、数字出版、艺术品交易等现代产业领域以及动漫游戏、众筹设计等新兴文化产业领域，重点聚焦与互联网密切相关的新兴文化业态。

---

[1] 贾佳,王良杰,李珠峰.文化与科技融合产业分类——以北京市海淀区为例[M].北京:科学社会文献出版社,2015.

第一节 文化科技产业领域

一、传统产业领域

（一）互联网＋票务

1.互联网票务发展现状

票务处于现代文化、体育、旅游、娱乐服务业的前端，衔接文化资源与文化消费两大市场，是上述产业的关键节点。票务产业由传统票务向互联网票务和移动互联网票务转型升级已是大势。中国互联网络信息中心（CNNIC）发布第48次《中国互联网络发展状况统计报告》，报告显示，在消费领域，网络零售成为消费新引擎，2021年上半年交易规模达6.11万亿元，同比增长23.2%；我国网上外卖、在线旅行预订用户规模分别达4.69亿和3.67亿，分别占网民整体的46.4%和36.3%；移动支付蓬勃发展，撬动餐饮、外卖、旅游等多个线下服务场景。[1]2021年上半年，数字产业化、产业数字化不断深入发展，推动数字技术与传统实体经济深度融合；数据保护、平台经济反垄断等领域立法与监管不断完善，助力数字化治理成为国家治理体系的重要组成部分。

据北京市文化和旅游局发布的数据显示：2021年北京市共推出2415台演出剧目，举办营业性演出20597场，观众人数513.5万，票房收入7.83亿元。与上年同期相比，场次数量增长195%，已经恢复到疫情之前（2019年）的九成。随着"互联网＋票务"的迅猛发展，票务网站开始成为演出市场举足轻重的一个角色。大麦网、永乐票务、聚橙网、中演票务通等主要票务网站发展迅猛。

---

[1] 中国互联网络信息中心.CNNIC发布第48次《中国互联网络发展状况统计报告》[EB/OL].(2021-09-23)[2022-09-08].http://www.cnnic.cn/gywm/xwzx/rdxw/20172017_7084/202109/t20210923_71551.htm.

2. 全产业链的协同发展模式——以大麦网为例

（1）大麦网概况

大麦网总部坐落于中关村科技园东城园内，是我国最早的数字票务服务企业之一，是中国最大的覆盖现场演出、体育赛事等领域的票务平台，也是该领域最大的系统服务提供商。大麦网已在北京、上海、广州等40多个城市建立直营中心，面向全国重大娱乐体育事件提供独家票务解决方案和市场营销管理团队，其产品与服务横跨娱乐、体育、旅游、互联网、软件研发五大文化创意产业领域。

大麦网是国家高新技术企业，北京市重点科技文化融合企业，是在中国票务在线领先的票务营销及票务技术基础上建立的、业内首个线上娱乐社区与电子商务一体化平台，先后研发了线上、线下、无线终端、电子票、身份证购票、在线选座等创新性票务技术。"大麦移动"的终端应用已将票务营销从互联网成功渗透拓展至手机、平板电脑、网络电视、高清数字交互电视等领域。将文化艺术与科技完美融合、不断进行产学研协同创新，正是大麦网领先于其他票务企业的主要原因。

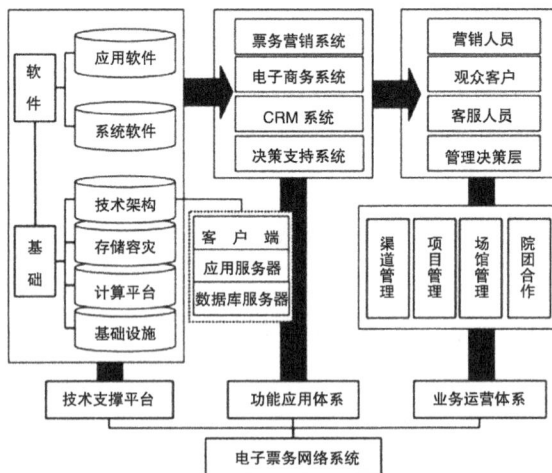

图3-1 大麦网电子票务网络系统

（2）线上线下（O2O）的协同发展模式

第一，线上线下同步服务。大麦网强大的资源整合能力能有效整合线下票务资源，线上技术，线上与线下同步为客户服务。演出票是一种具有高附加值、非标准化的产品，大麦网参与了票务的生产设计、后续使用等一系列环节；自主研发了 MAITIX 票务系统、快速分发系统等，实现了电子票、网上选座、手机选座、银行联网配送、RFID 等全方位线上线下技术。这些都是其他企业在短期内无法轻易模仿和复制的竞争力。

第二，"C2B+ 预售"演出模式。满足用户需求是互联网企业的根本。对于用户来讲，大麦网有相对广阔的城市覆盖面，丰富的演出信息，轻松便捷的购票体验，电子票、自取等多样化的出票形式。在"引流"上，大麦网积极引导用户参与，形成良性互动，进而达到宣传效果。大麦网善于抓住用户需求，利用 SNS 的营销方式，拓展了业务领域。

第三，全产业链协同发展。大麦网一直保持着票务总代理的优势，坚持做独立平台。此外，大麦网不断扩充领域和业务，加快向各方发展的步伐，包括由演出扩展到文化娱乐、体育运动、旅游休闲活动，线上线下共同驱动，由票务延伸到明星周边产品，最终由票务平台升级为城市娱乐消费的平台。

3. 相关政策建议

加强资源整合能力，特别要整合线下票务资源线上技术、线上与线下的同步与客户服务等。以创新的形式有效地点燃用户情绪，创造用户需求，激发用户的主动性与参与性，提升网站的黏性。

（二）剧场 + 云计算

1. 概况

剧场作为艺术殿堂承载着舞台艺术，植根于城市文化之中；以古老而传统的现场方式启智明德、陶冶情操，始终在文化体系中保留其独特的文化传播形式，即使在电影、电视、网络文化等新型业态频出之后也不被取代，其原因是表演艺术在不同时代环境下都能不断更新发展，与环境相适应。

改革开放 40 余年来，文化环境整体上发生了深刻变化。高新科技的迅猛发展主要表现在信息技术日新月异，网络文化手段、形式、模式、方式层出不穷，网络文化消费呈几何级数增长。而我国文化内容建设落后于信息网络技术发展，演出业的剧目数字化和数字仿真剧院、网络剧院研究开发和建设滞后。一方面信息网络技术迅猛发展，色情、赌博、低俗网络文化技术跟进十分迅速；另一方面艺术表演业等民族的、艺术的健康积极文化技术跟进水平不高，能力一般，导致积极向上的文化业态活跃度相对较低。网络成为国际不良图谋有效的文化渗透工具，成为我国文化安全高度关注的领域。中共中央对网络文化召开过多次会议，反复强调文化建设与高新科技迅猛发展的适应性问题。根据对深圳华为公司调查，第二代互联网及光纤入户宽带普及的户对户技术已经成熟，网络文化传播技术和立体成像技术，以及网络文化形式的日新月异，为文化艺术领域提供了先进的技术手段，为表演艺术和剧院文化的网络化传播也提供了广阔的应用空间。而我国文艺工作者对现代技术的掌握和使用能力普遍欠缺，对网络文化带来的高新技术不敏感，总体上，对高新技术迅猛发展的态势不适应。

2."剧场 + 高精尖技术"的舞台科技体系

随着科技的进步发展，舞台科技逐渐成为文化科技的重要类型，具有自身特殊的科技属性。舞台科技包括舞台灯光技术、舞台音响技术、舞台机械技术、舞美技术、剧场建筑声学，以及舞台监督系统、舞台内控系统、字幕系统、舞台幕布和剧场工艺等众多门类。加上扩展的舞台科技，还包括剧场通风系统、剧场供电系统、剧场安防系统、剧场消防系统、剧场网络系统和剧场自动控制系统等专业技术。如果考虑现代高新技术在舞台艺术领域的广泛应用，虚拟剧院、数字剧场、分布式舞台艺术创作、舞台艺术素材库、舞台艺术资源库以及舞美设计云计算等舞台数字化、网络化技术，舞台科技已经形成自身的科技体系。科技是文化创新的引擎，科技是推动文化发展的内生动力。舞台科技同样对表演艺术的创新发展起着重要的推动作用。因此，舞台科技创新发展自然是剧院文化建设的重要任务，而且是推动舞台艺术创新的核心任务。

二、现代产业领域

（一）数字 + 出版

1. 数字出版行业现状

数字出版行业正在逐渐改变着人们的阅读方式与阅读习惯，数字出版已经成为出版行业的主流趋势。《2018—2019 中国数字出版产业年度报告》中指出，2018 年，欧美等国家大型出版商持续开展业务转型，通过商业模式创新、业务布局调整，加强技术研发，不断提升整体实力，在不同出版领域均取得了一定突破。[1] 从教育出版领域来看，国际教育出版商积极探索新的商业模式，寻求收入增长点，并加快向教育服务商转型；美国大型教育出版商圣智学习集团于 2018 年 9 月创新性地推出了"圣智畅享"订阅服务，可有效缩减学生、教师和大众学习者对教育类图书的开支，其内容包含了 70 个学科，近 700 个专业课程领域，以及约 20000 个圣智学习集团旗下的产品；在专业出版领域，美国约翰威立出版公司成为数字化转型的杰出代表。据其发布的 2018 年财报显示，其数字化产品收入占比增长 5%，已达到 73%，多个业务板块在 2018 年都实现了增长；美国、德国、英国和日本等国家的有声读物，年增长速度均在 20% 至 30% 之间。据尼尔森图书调查公司数据显示，过去五年，英国有声书的销售额增长了一倍；而据美国有声书出版商协会的统计数据显示，美国的有声书也连续多年实现两位数的大幅增长。2018 年，伦敦书展首次将有声读物作为最重要发展议题；法兰克福书展首度举办了有声书大会。[2]

我国的电子书市场正在迅速崛起。政府明确将数字出版作为文化产

---

[1] 张立主编.2018—2019中国数字出版产业年度报告[M].北京:中国书籍出版社,2019.

[2] 张立主编.2018—2019中国数字出版产业年度报告[M].北京:中国书籍出版社,2019.

业的重点发展对象，全国已经批准建设了 14 家国家数字出版基地。中国新闻出版研究院发布的《2019—2020 中国数字出版产业年度报告》中指出，2019 年，国内数字出版产业整体收入规模为 9881.43 亿元，较上年增长 11.16%，其中，移动出版收入为 2314.82 亿元，在线教育收入为 2010 亿元，网络动漫收入为 171 亿元，三者占数字出版收入规模的比例为 45.50%，移动出版在数字出版领域的主力军地位稳固。[1]"出版单位借助先进技术，融合多样内容元素，打造融媒体图书、VR/AR 图书等新产品形态，丰富内容呈现方式，提升优势内容的感染力。"[2]数字教育出版智能化、规范化的良性发展环境逐步完善。伴随网络强国战略的深入推进，媒体融合发展迈向纵深，数字出版作为新时代意识形态传播的主流阵地作用日益凸显，由此也对其提出了更高要求和更加艰巨的使命任务；数字经济发展势头持续强劲，成为构筑国家竞争力的重要支点；人工智能在信息传播领域的应用持续深入，5G 商业化进程加快，为产业创新带来巨大动力；数字阅读需求日益旺盛，有声阅读成为国民阅读新风尚。根据《2019 年度中国数字阅读白皮书》数据，2019 年中国数字阅读用户总量达到 4.7 亿，数字阅读整体市场规模已达到 288.8 亿元，增长率达 13.5%，其中大众阅读市场规模占比逾 95%，是产业发展主导力量；2019 年中国数字阅读内容创作者规模继续扩大，已达到 929 万人。[3]

2. 首都数字出版业发展概况

北京国家数字出版基地作为北京市唯一的国家级数字出版基地，第一

---

[1] 张立主编.2019—2020中国数字出版产业年度报告[M].北京:中国书籍出版社,2021.

[2] 舒晋瑜.2019年国内数字出版产业收入较上年增长11.16%[N].中华读书报,2020-12-30(02).

[3] 虞婧.2019年度中国数字阅读用户总量达4.7亿[EB/OL].(2020-04-23)[2022-09-08].http://www.chinawriter.com.cn/n1/2020/0423/c403994-31685403.html?from=singlemessage&isappinstalled=0.

批4家数字出版类企业已成功落户基地，涵盖出版发行、影视制作、文化投资等领域，其建设对于助推首都实现文化创新、科技创新和金融创新融合发展兼有重要意义。

3. 以平台创新为引领的协同发展模式——以中文在线为例

（1）中文在线概况

中文在线创立于2000年，是我国最早从事数字出版的企业之一。中文在线以版权机构、作者为正版数字内容来源，进行内容的聚合和管理，向手机、手持终端、互联网等媒体提供数字阅读；为数字出版和发行机构提供数字出版运营服务；通过版权衍生产品等方式提供数字内容增值服务。2002年，中文在线承担了教育部重点课题——中小学数字图书馆，实现了数字出版行业发展成果首次应用于中国基础教育领域。2006年，中文在线创办了17K小说网，进一步对数字出版市场进行了探索，并出版了我国历史上第一部全媒体作品《非诚勿扰》。2008年，中文在线与中国移动合作，成为中国移动手机阅读基地核心运营合作伙伴。2009年，中文在线一站式读书服务平台"书香中国"正式上线。2012年，中文在线首次实现十八大文件及学习辅导读物同步数字出版。2013年，中文在线成立了中国首家网络文学大学。2015年1月，中文在线登陆深交所创业板，正式挂牌上市，成为我国数字出版行业第一个上市的企业。目前，中文在线拥有数字内容资源过400万种，签约版权机构600余家，签约知名作家、畅销书作者2000余位，驻站网络作者超过370万名，自有用户超过1亿，合作用户数以亿计。2016年，中文在线荣获第二届"首都文化企业30佳"。2017年，中文在线成立美国公司，全面升级国际化，书香中国荣获第72届"中国教育装备展示会产品金奖"、大中华区最佳雇主品牌创意大赛之"最佳社会责任项目奖"、新华网"年度品牌影响力教育集团"等奖项。2018年，中文在线荣获第四届中国出版政府奖之"先进出版单位奖"、第八届"中国上市公司口碑榜文化体娱产业最具成长性上市公司奖"和"北京民营企业文化产业百强"、第三届"首都文化企业30强"企业。2019 年，荣获"北京民营企业文化产业百强"和"北京民营企业社会责任百强""中国数字出版 10 强""改革开放 40 年民营书业四十强企业"。2022 年，荣获 2021 年度民营书业影响力企业奖。

（2）平台创新模式

平台创新模式是以数字技术、信息技术为支撑，打造文化内容数字化平台，全面提升文化产业的表现力、传播力和创新交易模式。中文在线在国内率先提出全媒体出版的概念，通过平台建设，满足任何人在任何时间、地点，以任何方式，获得任何内容的需求，形成了"一种内容、多种媒体、同步出版"的全媒体出版模式。

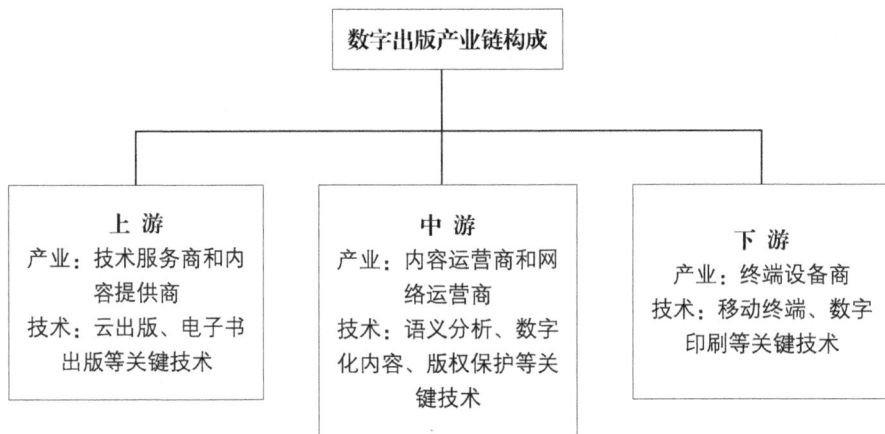

图3-2 数字出版产业链

这种全媒体出版的模式进一步打通了数字出版产业链，将单一渠道与单一形态向多元渠道与多元形态转换，实现一元化生产，多媒体发布，多渠道传播，为不同需求的用户提供适配各类终端的阅读产品，有效扩大了阅读产品的覆盖面，充分体现了平台创新的优势，从根本上改变了传统版权的盈利模式，扩大了出版的范畴。

4. 数字出版业的协同创新模式分析

结合中文在线的发展经历，可以发现，数字出版行业的协同创新主要是围绕着全媒体出版这一发行模式运行的。全媒体出版指的是一种出版内容在当前五种主流媒体（手机、互联网、纸书、电子阅读器、广播影视）中同步出版，一种出版物要做到全媒体出版，出版发行者必须与五种主流媒体出版渠道商高度的协同，共同发展。围绕全媒体出版的要求，数字出版行业已经形成了以下几种较为成熟的协同创新模式，做大做强了数字阅读市场：

（1）移动客户端的协同创新

在移动客户端方面，数字出版企业主要通过与通信运营商合作，共同打造阅读平台，创新推广方式来培育移动客户端的客户。例如，中文在线与中国移动深度合作，成为中国移动手机阅读基地的核心运营合作伙伴，通过对图书、杂志、漫画、有声读物等出版物的内容整合，中文在线将这些内容提供给中国移动手机阅读基地，最终将内容分发给基地用户。

（2）PC 客户端的协同创新

在 PC 客户端方面，数字出版企业通过与国内外领先的互联网文学频道合作，向其提供数字出版内容，共同培育阅读热点，吸引读者，同时也会建立自身的阅读门户网站，通过共享流量的方式，建立阅读品牌。目前中文在线已与腾讯、百度、Kindle 等多家国内外领先的互联网文学频道进行合作，为其提供优质正版的互联网阅读产品，协同打造互联网阅读平台，同时，还建立了我国首家公益性网络文学大学，通过与国内知名作家合作，以及与教育机构合作，对网络文学作者进行系统培训。

（3）与教育行业的协同创新

数字出版企业通过与政府、教育机构以及相关互联网科技行业共同合作，打造数字教材辅导平台、互动数字图书馆、电子书包以及相关公共服务活动，不断提升教育行业的数字化、信息化水平。目前中文在线已与我国多地教育局以及高校共同开发了电子书包服务平台，通过教务工作站、电子教本、电子书包、手机四大服务方式连接了学校、教师、学生以及家长，打破了中小学教育环节的信息封闭。

（4）周边阅读方式创新

将阅读融入生活是数字出版行业运营的理念之一，围绕这一理念，数字出版企业通过与生活服务生产企业合作，进行相关阅读周边产品的开发，并探索多种版权保护形式，在使数字出版服务与生活高度融合的同时，保护了知识产权。中文在线在周边产品开发中，通过与车载服务产品开发公司进行合作，开发出了车载听书系列产品，帮助汽车驾驶者阅读，还通过与手机客户端应用开发团队合作，在安卓平台和 IOS 平台上进行相关 APP 应用开发，保障了数字阅读产品的丰富性。在版权保护方面，中文在线与版权机构合作，开发沙盒加密技术，对个人账号和手机进行绑定，对下载作品的次数进行限制，有效保护了相关作品的版权。

（5）网络文学作品的增值服务创新

由于当前数字出版物主要以网络文学作品为主，而网络文学作品拥有非常广大的读者群体，因此数字出版企业通过为这些作品提供增值服务的方式，与影视机构、游戏公司进行了密切的合作，推动了网络文学作品的影视化、游戏化，为广大读者提供了更多的体验方式。中文在线以"夯实内容、服务产业、决胜 IP"，国内国际双轮驱动为发展战略，以自有原创平台、知名作家、版权机构为正版数字内容来源，网络原创驻站作者 440 万名，形成了以数字内容生产与授权、IP 培育与衍生开发为核心，知识产权保护及元宇宙探索为两翼的业务体系，全面布局数字文化内容行业。中文在线在对数字内容进行聚合和管理后，向多终端、多平台、全媒体分发数字阅读产品；以文学 IP 为核心，对优质网文进行音频、中短剧、动漫、影视及文创周边等衍生形态的同步开发。[1]

5. 相关政策建议

（1）提升项目的外包程度

数字出版企业应在实际发展中把握住出版内容来源渠道这一核心，对一些硬件产品的开发以及网站的建设可以采取项目外包的形式，减少企业研发压力，增进不同行业间的协同创新水平，推动文化与科技的融合。

（2）提高数字化出版公共服务的质量

虽然我国数字出版企业在教育领域完成了众多有建设性的项目，但从实际情况来看，这些项目的应用程度还比较低，我国学生的教学传播方式还未发生根本性的转变。因此，数字出版企业在未来必须不断加强对数字出版公共服务实用性的探索，在一些基础领域大力推广，以此来推动教学传播方式的数字化转变。

（二）互联网＋艺术品交易

1. 艺术品交易行业现状

艺术品交易行业在我国历史悠久。早在宋代，我国就已出现专门从事书画交易的行当。随着社会发展与科技进步，我国艺术品交易行业出现了画廊、画店、拍卖行、艺术品租赁、文交所等多种艺术品交易模式。进入互联网时代，艺术品交易正在发生明显变革。传统的艺术品交易模式通过不同形式与互联网技术渗透融合，产生了全新的艺术品交易方式：互联网＋艺术品交易。收藏爱好者足不出户，打开电脑或手机，参加网络竞拍，就可以买回心仪的艺术品。

据胡润研究院发布的《2020 胡润中国艺术榜》，2019 年全年中国艺术品市场量缩价平，成交率走低，具体表现为上拍作品 36.36 万件，成交

---

[1] 童之磊.数字成就文化宇宙[EB/OL].(2022-08-08)[2022-09-08].https://mp.weixin.qq.com/s?__biz=MzA3NTY2NzIzOQ==&mid=2649650406&idx=1&sn=3a7824a41ff2ab140b81d5a4c303a04b&chksm=8777d6aeb0005fb86cdd5fa112fd897d47ced876a524bd928e340409157b6c8f6797of21b37c&scene=27.

了 16.15 万件，成交额为 492 亿元，成交率为 44%，是 2010 年以来最低（根据雅昌艺术市场监测中心）。[1] 中国拍卖行业协会艺委会发布《2021 年十二家文拍公司评述》，北京保利、中国嘉德等 12 家拍卖公司 2021 年共举办文物艺术品拍卖专场 436 个，上拍 75336 件（套），成交 58820 件（套），成交额 242.65 亿元，较 2020 年，拍卖专场增加 112 个，上拍量增长 51.99%，成交量增长 46.15%，成交额增长 27.81%。[2] 雅昌艺术市场监测中心（AMMA）发布的《2021 上半年中国艺术品拍卖市场调查报告》显示，虽然拍卖行业面临着经济环境和生态变化，但仍在 2021 年上半年取得了突破：156 家拍卖行共取得 286.85 亿元成交额，比 2019 年同期上涨了 31.48%，创下了近十年中国艺术品拍卖市场上半年成交额涨幅最高的纪录。[3]

2. 首都艺术品线上交易发展状况

北京市文资办发布的《北京市文化创意产业提升规划（2014—2020年）》中明确提出"在艺术品交易领域，加快推动交易电商化和金融化等"。按照因业施策原则，规划着重明确了传统行业、优势行业和融合业态三大领域发展思路，并深化提出各行业发展举措。艺术品交易行业作为三大优势行业之一，需要利用现代信息技术加快推进商业模式与营销模式创新，通过政策扶持、平台建设和主体培育，汇聚各类创新要素，让一切知识、技术和专业服务的活力竞相迸发，让一切有助于文化内涵提升、创意塑造的源泉充分涌流。同时，还需要丰富艺术品展示及价值实现渠道，规范艺术品交易市场，推动艺术品交易电商化和金融化。

北京的艺术品拍卖无论是规模还是交易额均走在全国前列。北京拍

---

[1] 胡润百富.胡润研究院发布《2020胡润中国艺术榜》[EB/OL].(2020-06-04)[2022-09-08].https://www.hurun.net/zh-CN/Info/Detail?num=EFCE42788A3B.

[2] 赵榆,余锦生,刘鑫宇.2021十二家文拍公司评述[J].中国拍卖,2022,(Z1):20-35.

[3] 雅昌艺术市场监测中心（AMMA）.2021上半年中国艺术品拍卖市场调查报告[R/OL].(2021-09-14)[2022-09-08].https://amma.artron.net/reportDetail.php?id=84.

卖行业协会副会长兼秘书长姚光锋表示："北京的文物艺术品拍卖市场历经 30 年发展一直保持全国龙头地位，2019 年，北京文物艺术品拍卖业务成交额 177 亿元，占全国市场的三分之二。"据北京市文物局联同北京拍卖行业协会 "2020 北京地区文物拍卖企业培训会" 发布数据，受疫情冲击，2020 年中国艺术品拍卖市场受到重创，成交量、成交额均出现较大幅度缩水，2020 年北京地区拍卖成交量占比 61%，拍卖总额为 173.03 亿，占比 49%，2020 年，北京地区艺术品上拍量为 79962 件，同比减少 43.71%；成交 43799 件，同比减少 46.25%；共计成交 173.03 亿元人民币，同比减少 18.20%。[1] 从各地区交易量占比来看，京津冀地区仍发挥原有优势，成交量、成交额占比稳坐第一把交椅。据不完全统计，自 1992 年开展文物艺术品拍卖以来，北京地区累计成交额超过 3500 亿元。由此可见，首都艺术品互联网交易产业发展十分迅猛。艺术品线上交易市场份额在全国名列前茅，产业链相对完整。在艺术品确权领域，北京东方雍和国际版权交易中心等机构对艺术品产权的确定做出了积极的探索；在艺术品拍卖领域，嘉德在线、盛世收藏等网站的建立，使艺术品线上拍卖市场迅速发展。此外，画易租等新型线上艺术品租赁公司的出现，也丰富了 "互联网 + 艺术品交易" 模式的内在含义。

3. 首都艺术品交易行业内部细分和产业链运作模式

在艺术品交易各领域的发展进程中，互联网成为推动产业链完善的主力军。主要表现为以下五个方面：

第一，在艺术品交易的确权领域，长期以来困扰买卖双方的主要有三大基础性问题，即真伪问题、归属问题与唯一性问题。所谓真伪问题是指消费者因无法判断艺术品的真假而不敢购买；归属问题是指艺术品因没有类似房产证等所有权归属证明，导致买卖双方不敢放心交易；唯一性问题

---

[1] 雅昌原创专稿.雅昌指数|2020年北京地区拍卖市场报告发布[EB/OL].(2020-12-17[2022-09-08].http://news.artron.net/20201217/n1089288.html.

是指市场不知道艺术家创作过多少件同样的艺术品。这三大问题在互联网艺术品交易领域更加严峻，极大制约了艺术品线上交易的发展。而北京东方雍和国际版权交易中心通过与中科院以及北京几大高校合作，基于物联网技术开发了艺术品身份标识技术，通过对每一件确认为真的艺术品打入电子标识码，使得艺术品拥有了自己的身份证，解决了艺术品交易过程中的三大基础性问题，降低了艺术品线上交易的风险。

第二，线上拍卖成为"互联网＋艺术品交易"模式的一大亮点。以嘉德在线为例，嘉德在线以线上艺术品拍卖为核心，通过互联网技术建立了线上竞价与支付系统，并且开发了 PC 客户端与移动客户端两大端口，将传统一季度一次的艺术品拍卖会日常化，大大提升了艺术品上架量并且降低了拍卖运营成本与入门门槛。

第三，在艺术品投资领域，文交所的兴起也使艺术品股权投资、艺术品众筹等新兴投资模式快速发展。例如北京文化艺术品交易所联合平台等文化产权交易平台在线上推出了艺术品资产包，将一件不可分割的艺术品的股权分成了若干份，吸引投资者投资，并且开放了艺术资产包线上交易，在这一模式下，一件艺术品不再仅仅拥有一位所有者，而是像上市公司一样拥有若干位"股东"。可以预见，未来只要时机成熟，艺术品证券化必将成为现实。

第四，B2C、C2C 的电子商务模式也进入了普通艺术品销售领域，例如艺术宋庄网目前正在打造国际化艺术品网络交易平台，并以多元化、综合性的经营理念整合宋庄地区艺术资源，通过互联网这种最迅捷的交流方式，将真正具有中国特色和国际视野的优秀艺术家和艺术作品推向世界展览展示的舞台。

第五，基于物联网技术的艺术品租赁服务也开辟了一条新的艺术品收益道路。例如画易租公司推出了线上艺术品租赁服务。一方面，其在可供出租的艺术品中加入追踪芯片，这样就可以随时追踪出租的艺术品当前所在地，保障艺术品安全；另一方面，其通过保障金、艺术品扫描技术等手段保障艺术品在租赁过程中不受损。

4. 对策与建议

虽然"互联网 + 艺术品交易"模式发展迅速,但是由于相关政策与监管措施还未及时跟上,导致交易风险还处于一个较高的水平,因此未来国家相关部门应加强对艺术品线上交易,尤其是艺术品资产包投资模式的监管,防范网络金融风险的发生。

三、新兴产业领域

近年来,首都文化和科技不断渗透融合到各产业各行业各门类之中,催生出诸多产业经营方式,并拓展到了金融、旅游等领域。首都强大的科技创新能力,更加剧了这一渗透融合态势。在"双轮驱动"战略支撑下,互联网 +、云计算、物联网、大数据等技术广泛应用,加速了文化创意向市场转化的进程。云终端、众筹、互联网金融、车联网等新兴业态快速发展。

新兴产业及业态在增加就业、引导创业和拉动经济增长中,发挥着重要作用。北京市软件、网络及计算机服务业是文化创意产业的绝对主体,据北京软件和信息服务业协会发布的《2020 北京软件和信息服务业综合实力百强企业报告》,2019 年百强企业软件和信息服务业总收入 4201.5 亿元,占北京市软件和信息服务业收入为 31.2%;2018 年百强企业软件和信息服务业总收入为 3857.9 亿元,占北京市软件和信息服务业收入的 35.4%。[1]2021 年北京市软件和信息技术服务业完成营业收入 2.2 万亿元。[2]2021 北京大数据平台汇聚政务数据 347 亿条、社会数据 1264 亿条,

---

[1] 北京软件和信息服务业协会.《2020北京软件和信息服务业综合实力百强企业报告》发布[EB/OL].(2020-11-19)[2022-09-08].https://www.bsia.org.cn/site/content/6896.html.

[2] 中国新闻网.北京软件和信息服务业稳健增长 去年实现营收2.2万亿元[EB/OL].(2022-06-18)[2022-09-08].https://m.gmw.cn/2022-06-18/content_1303003114.htm.

支撑疫情防控、复工复产等 181 个应用场景。[1] 下一步，北京市将加速释放数字经济新活力，积极打造数字时代的"北京样板"，加快建设成为全球数字经济标杆城市。

动漫游戏产业和设计产业目前已成为首都文化科技重要产业。下面以动漫游戏和众筹设计为例，重点研究新模式。

（一）动漫游戏 + 科技

1. 动漫游戏产业发展的现状

动漫游戏产业作为文化产业最具活力的一支，"内容为王"和"科技支撑"是其显著特征。在国家大力扶持下，近年来，我国动漫产业发展势头迅猛，各种优秀动画电影不断涌现，快看漫画、腾讯动漫、有妖气等新媒体动漫平台也逐渐兴起，领先企业利用原创动漫 IP 打造衍生产品。2020 年，全国制作发行电视动画片 374 部、11.67 万分钟，制作时间同比增长 23.23%。2021 年，全国制作发行电视剧 332 部、7.99 万分钟。[2]2015—2020 年均有国产动画电影票房过亿，其中 2019 年过亿的国产动画电影达到了 6 部，《哪吒之魔童降世》更是以约 50.36 亿元的票房位居国产动画电影的榜首。虽然 2020 年我国动画电影受到疫情的影响，但是依旧有国产动画电影票房破亿——《姜子牙》，以 16.02 亿元的总票房拿下了当年国产动画电影票房第一的位置。根据国家新闻出版署数据，2020 年，全国共出版动漫期刊 31 种，平均期印数 42 万册，总印数 1287 万册，总印张 53577 千印张，与 2019 年相比，种数降低 3.13%，平均期印数降低 42.23%，总印数降低 45.50%，总印张降低 53.37%。[3]

---

[1] 北京市公共数据开放平台.科技引领打造中国数字经济发展"北京样板"[EB/OL]. (2022-04-12)[2022-09-08].https://data.beijing.gov.cn/publish/bjdata/hdjl/ljhd/5fb3bf7f21b146ec9d399afe9d6bae34.htm.

[2] 资料来源于国家广播电影电视总局网站。

[3] 国家新闻出版署.2020年新闻出版业基本情况[R/OL].(2021-12-16)[2022-09-08].https://www.nppa.gov.cn/nppa/upload/files/2021/12/cb1263408943e406.pdf.

我国游戏产业相对于动漫产业发展较晚，但发展速度较快，市场化程度高。随着游戏企业成熟度及市场有序化的提高，整个行业进入高速发展时期。原创游戏出口成为新的产业增长点，原创手游从规模和增长率突出，很多业界巨头逐渐开始转型。

2. 首都动漫游戏产业发展状况

据北京市文旅局和北京动漫游戏产业协会统计，2021 年北京动漫游戏产业总产值达到 1203.09 亿元，约占全国动漫游戏产值 23.7%，同比增长约 11.64%，增速减缓。2021 年北京动漫游戏企业出口产值大幅增长，达到约 575.3 亿元，同比增长了约 27.1%。[1]

（1）动漫产业

首都动漫产业通过提供有利的产业政策，充分发挥首都资源优势，吸引全国动漫资源集中，提升首都动漫产业的整体水平。2006 年出台《北京市促进文化创意产业发展的若干政策》，2009 年出台《北京市关于支持中国动漫游戏城发展的实施办法（试行）》《北京市关于支持影视动画产业发展的实施办法（试行）》《北京市动漫企业认定管理工作实施方案》等几项政策，及 2019 年发布的《关于推动北京游戏产业健康发展的若干意见》，使政策保障体系日渐完善。

北京动漫企业持续打造与积累众多优质 IP 资源，构建集动画、漫画、电影、主题乐园等业务为一体的"IP+ 全产业链"运营平台。2021 年，知名游戏《仙剑奇侠传》联动北京欢乐谷打造线下实景沉浸体验，成为北京游客的夜游新地标；《狐妖小红娘》《一人之下》《小绿和小蓝》《天才玩偶》《幻界王》《我的逆天神器》6 部高人气动画登陆北京地铁十号线，打造"最美国漫地铁"网红打卡点。以文旅融合为探索方向，动漫 IP 为核心，各产业相互协同的泛文娱生态链正在逐渐形成。

---

[1] 第16届动漫游戏产业发展国际论坛开幕,数字经济迎来发展新机遇[EB/OL].[2022-09-02].http://bj.bjd.com.cn/5b5fb98da0109f010fce6047/contentShare/5c8f1537e4b099b8d057fb6d/AP6311e279e4b01c573cd767e.html.

（2）游戏产业

根据北京市文旅局和北京动漫游戏产业协会数据统计，2021 年北京市游戏企业总产值约为 1022.6 亿元，约占全国游戏市场收入的 34.4%，同比增长了约 11.6%；2021 年北京动漫游戏产业总产值达 1203.09 亿元，约占全国动漫游戏产值的 23.7%；[1] 游戏产业良好的发展态势吸引产业巨头和大资本的加入，也促使市场竞争日趋白热化；截至 2021 年 7 月，北京地区申请通过游戏版号 104 个，占全国通过数量的 15.04%。从上述数据可知，游戏产业依托高新技术和老牌的游戏企业迅猛发展，尤其是手游行业的发展趋势明显。

动漫交易借势各类展会、博览活动发展迅速，交易收入也有所提升。2018 年，北京动漫游戏产业协会、完美世界等业内领先机构共同发起成立"北京动漫游戏产业协会电竞产业联盟"并落户亦庄。京东、苏宁、新浪、英雄互娱等众多上市公司、资本都在加速布局，改进电竞产业的生态与发展方向。为激励精品创作，重点在海淀打造北京市精品游戏研发基地，吸引国内外优秀游戏企业、原创团队和创意人才扎根北京，打造一批引领行业发展方向的"北京品牌"企业。北京市精品游戏研发基地落地海淀区中关村科学城数字文化产业园，中关村科学城数字文化产业园将形成完整的游戏研发生态体系，实现研发企业的集聚发展。

作为新兴文化科技产业的一部分，北京市为动漫游戏行业的创业者提供了良好的环境，政府相关部门在创业、人才、财税、出口等方面为动漫游戏企业，尤其是中小微企业提供政策支持。

3."创意引领 + 技术支撑"的协同发展模式

以创意内容引领、以技术创新为支撑，提升文化产业的创意能力。代表企业如龙图、乐逗、触控科技等公司，以游戏创意为核心，成功推出了

---

[1] 李俐.第16届动漫游戏产业发展国际论坛开幕,数字经济迎来发展新机遇[EB/OL].(2022-09-02)[2022-09-08].http://bj.bjd.com.cn/5b5fb98da0109f010fce6047/contentShare/5c8f1537e4b099b8d057fb6d/AP6311e279e4b01fc573cd767e.html.

《刀塔传奇》《水果忍者》《捕鱼达人》等广受欢迎的游戏作品。

动漫游戏产业作为文化产业中发展潜力巨大的新兴产业，具有当今知识经济的全部特征和完整的产业链（见图3-3）。科技创新为动漫游戏产业注入新的发展动力，具有明显的"技术驱动"特征，技术占据着动漫游戏产业发展的重要地位，逐渐成为动漫游戏产业创新和发展的重要驱动力。

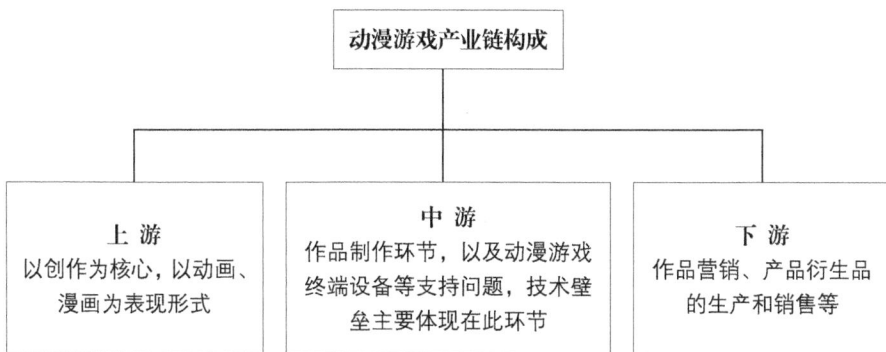

图3-3 动漫游戏产业链构成

产业化时代的动漫游戏主要通过产品链的形式来运营。一般情况下，动漫游戏产业链主要有创意策划、制作、发行、传播和衍生产品开发等环节。当前我国动漫产业"大动漫观、全产业链"的发展思路，就是充分发挥市场对动漫文化资源配置的作用，对产业链各环节的内在联系全面把握，促进产业链上下游的互动，以形成完整的产业化链条。在其中，制作和传播是对技术依赖性比较强的两个环节。

（1）科技在制作环节中的融合

首先，在动画领域，动画制作由传统的手绘逐步转变为电脑制作。1995年迪士尼和皮克斯合作的《玩具总动员》是第一部全电脑三维动画长片，被称为动画史上的第三次飞跃——赋予动画3D效果。2001年梦工厂创作的《怪物史莱克》，三维技术制作的画面极致细腻，动画人物甚至精细到纤毫毕现。2003年，迪士尼和皮克斯合作的《海底总动员》挑战了动画中最难表现的水元素，完美打造了一个梦幻的海底世界，成为全美史上最卖座的动画影片。采用计算机技术进行制作的动画影片，通过对采集的图像数据（如动画角色的运动信息）进行提取加工，来表现空间的动态对象从而生成动画。计算机图像处理技术不仅增加了动画制作的可操作性，也使得动画艺术的表现程度更加逼真。网络技术的发展使动漫创意策划和生产制作的过程得以分离，动漫企业的分工更加专业化，创作人员和制作人员通过网络进行无缝配合，同时能够借助当前的云存储、云计算等技术摆脱繁重的手工操作流程，使动画进入无纸化生产，并通过制作系统的"控制中心"实时更新工作进度，从而节省大量的制作时间，形成动画制作的集群化规模。动漫制作流程中科技的发展使得这一流程向智能化转变，不仅丰富了动漫的表现形式，还减轻了工作人员智力和体力的劳动强度，降低了生产成本，提高了制作效率，形成了新兴动漫业态，最终在市场上获得了更大的竞争优势。我国动画制作代表企业有暴雪中国、环球数码、北京水晶石动画、深圳骄阳图像、上海太阳火动画、上海幻维数码、数字光魔工业动画等。

在游戏产业领域，不断革新的技术同样是推动游戏产业快速前行的动力，几乎每一次游戏及相关硬件技术的革新，都会对整个行业带来颠覆性的作用。游戏引擎作为游戏的核心部件，往往可以直接影响到成品的品质，玩家体验到的剧情、关卡、美工、界面等内容都是由引擎直接控制。游戏引擎升级是对游戏核心交互技术进行更新，使之能够带来更完善的游戏体验。业界主流的游戏引擎 Cocos2d-x 作为一款开源跨平台引擎，是全球使用率最高的手机游戏引擎之一。例如，2014 年大热的《刀塔传奇》就是用 Cocos2d-x 在 C++ 层面实现的；《捕鱼达人 3》采用了全新的 Cocos2d-x3.0 引擎。

动漫游戏具有技术和内容的双重特征，表现出技术性的美学特质和内容上的文化性。当代数字技术的发展拓展了其作为"非真实影像"的表意空间，创作了前所未有的审美形象，并延伸了人类既有的审美体验。现代技术与文化的强势结合，给动漫游戏带来丰富的形式与内容，并展现出生生不息的活力。

（2）科技在传播环节的融合

随着移动互联网和移动终端设备的迅猛发展，增添了更多直接面向消费者的传播模式和内容平台，动画应用领域也从传统的播映平台延伸至其他动画应用领域，今后必将会进入"泛动画"时期。随着线下线上渠道整合，不同动漫领域间的壁垒逐渐打通，产品的开发、运营、销售方式更加多元。借助移动互联网，新媒体动漫高速增长，三网融合催生的多屏互动模式扩充了动画视频需求。继电视剧、电影、综艺之后，动漫已经成为国内各大视频网站的第四大内容板块。而智能电视、云电视、电视盒子等新兴硬件设备也能够提供动漫和游戏相关的内容和服务。

综合动漫游戏产业的生产制作和传播过程，在视觉效果、游戏体验和交互性方面的要求成为今后动漫游戏技术发展的趋势，而信息技术的应用与创新则在这几方面占据着核心的关键位置。

4. 首都动漫游戏产业协同发展的建议

（1）提升产业自主创新能力

动漫游戏产业的发展伴随着科学技术的不断革新，从有声动画到彩色动画，再到如今的计算机动画，每一次技术的革新都带来巨大冲击。先进的技术引领着产业的发展趋势，而当前我国动漫产业所使用的制作和开发工具，包括软硬件设备，多数依赖进口，大部分企业并不具备自主研发能力，而且相关人才储备不足，所以这一阶段想要提升，可能更多要借助公众资源平台的建设，例如通过搭建公共综合服务平台来培养动漫游戏人才，将其他领域的先进技术引入动漫产业，创建动漫素材库等。此外，积极促进高校和企业合作，能够让技术从实验室转移到企业中去，实现高新技术的有效转化，还能够保障人才的不断输入。

（2）完善产业链

完整且运作良好的产业链能有效带动整个产业的有序发展。动漫产业链包括前期的选题策划、中期的动漫创作、后期的播映市场，以及后续衍生品的开发等环节，不同阶段紧密连接并相互协调，最终带来经济效益。当前我国动漫产业链发展并不十分完善，动漫作品的资金回收渠道主要集中在播映平台，但是由于电视台的收购价格普遍不高，通过播映只能收回投资的一小部分，部分作品因为资金不足导致质量不高，衍生品的开发没有顺利进行。这就需要我们更加注重产业链各环节的协调发展，同时从产业的源头"创意"抓起，通过高质量的作品促进产业链健康有序发展。

（3）打造品牌，提升传播影响力

动漫产业的核心竞争力来自动漫知识产权，优秀动漫的品牌效应能够带动产业全链条的良性发展。首都动漫企业整体上缺乏系统的品牌营销思维，品牌背后的文化理念挖掘严重不足。国产动画如果想要进入大众视野甚至国际市场，必须完成从动画形象到品牌形象的转换，在充分挖掘作品文化内涵的同时，结合时代精神和用户需求来打造品牌形象，并通过多元化的媒体渠道进行宣传以开拓不同群体的用户，同时注重培养产品的忠实用户。同时还要加强对知识产权的保护，构建良好的市场秩序和产业环境。

（二）众筹 + 设计 + 科技

1.设计产业发展现状

2014 年 3 月，国务院印发《国务院关于推进文化创意和设计服务与相关产业融合发展的若干意见》，指出"推进文化创意和设计服务等新型、高端服务业发展，促进与实体经济深度融合"，"是发展创新型经济、促进经济结构调整和发展方式转变"的重要途径。

2."众筹 + 设计 + 科技"的协同发展的基本方式

以内容创意为核心、以技术创新为手段，在当前设计产业发展中，"众筹 + 设计 + 科技"为科技与设计的融合带来了更为广泛的社会参与度。众筹是由发起人、跟投人、平台构成，具有低门槛、多样性、依靠大众力量、注重创意的特征，是指一种向群众募资，以支持发起的个人或组织的行为。群众募资被用来支持活动设计发明等活动即为众筹设计。随着互联网金融模式的创新，众筹与设计的联姻，正引领中国的原创设计迈入新时代。

"众筹＋设计＋科技"实际上是设计、科技与消费的结合。首先，通过科技手段对设计产业的上游资源进行整合，提取出具象的设计元素，例如对各类文化资源数据库进行整合，提取出我国文化的图像元素，作为设计的基础资源。其次，设计主体与电商平台相联合，利用电商平台的流量优势进行设计需求的收集，或者直接利用大数据等前沿科技手段对用户的需求进行分析，设计出符合未来趋势的产品。

3. 消费引导的协同创新模式——以小米科技为例

（1）小米科技概况

小米科技有限责任公司正式成立于 2010 年 4 月，是一家以智能手机、智能硬件和 IoT 平台为核心的消费电子及智能制造公司。创业仅 7 年时间，小米的年收入就突破了千亿元人民币。截至 2018 年，小米的业务遍及全球 80 多个国家和地区。小米手机在 2019 年第四季度出货量为 3280 万部，同比大增 31.1%，排名全球第四，占比 8.9%。[1] 可见，随着国内手机市场的饱和，海外业务已成为小米智能手机业务的主战场。

（2）消费引导的协同发展模式

小米科技在进行小米手机操作系统开发的过程中，首创了用互联网模式开发手机操作系统、60 万发烧友参与开发改进的模式，即"互联网＋众筹＋设计"模式。小米吸引手机发烧友参与，根据发烧友的反馈意见不断改进，并每周更新。MIUI 目前已经拥有国内外 5.47 亿用户，覆盖 80 种语言，支持 221 个国家与地区。

在 60 万"米粉"的参与下，小米手机的操作系统与其他手机相比，更加符合中国消费者的使用习惯。解锁手机时，MIUI 系统里有多种解锁方式；MIUI 拥有上百种的主题风格，就是 MIUI 开放设计的结果，该开放设计吸引了 20 多个国家的开发者参与；以往大屏幕智能手机，通常按字

---

[1] 资料来源于小米官网。

母模式设计，查找通信录很不方便，而 MIUI 系统设置了虚拟九宫格键盘，符合中国人用拼音的习惯；通过设置，MIUI 系统能自动屏蔽恶意电话，消费者还可以设置拒绝手机通信录之外的任何电话。这样的改进，MIUI 系统目前有 100 余项。小米手机销售的成功正是得益于其以消费为引导的开发模式。

在对众筹设计的探索中，小米科技有限公司的案例具有现实意义。小米公司的众筹设计路径可以概括为以下三个方面：

①建立粉丝群。小米的第一步就是根据产品特点，锁定一个小圈子，逐步积累粉丝。小米手机把用户定位为发烧友极客的圈子，在吸引粉丝的过程中，创始人会从自己的亲友、同事等熟人圈子先开始，逐步扩展，最后把雪球滚大，形成了一个稳定的购买消费群体。

②进行设计概念内测。当建立了稳定的粉丝圈与消费圈后，小米就会为自身的产品征集设计意见，向部分铁杆粉丝发送预售工程机，免费任其使用一定的期限，到期之后，粉丝将对小米的设计部门提供自己的修改意见，完成众筹设计概念的收集。

③建立开放型的智能硬件平台。在完成对硬件产品的设计后，小米以几乎成本的价格向广大消费者销售从而获得广泛的市场占有率，通过将其所有的硬件产品做成开放型的应用平台，来获得收益。值得注意的是，在这一平台中，众筹设计的概念无处不在，用户可以在这一平台上自由地设计与创建符合自身要求的应用软件，从而不断提升小米产品的个性化。

综上所述，从小米科技的相关经验中可以得出，众筹设计的路径具体可以归纳为以下关键几步：

①以文化元素、文化环境、科技手段为导向建立起广泛的消费者群体；

②以市场化手段将消费者的角色转变为设计师，向消费者征集设计意见；

③设计师作为执行者将消费者的意见转化为实际产品，以文化附加值为产品的核心竞争力占领市场，并将设计产品打造为应用平台；

④将应用平台向所有用户开放，通过运营平台来获取后期收益。

第二节 成果展示和传播领域

公共数字文化服务就是文化与科技深度融合的产物。科技创新与公共文化服务融合是开辟文化发展新途径、提升公共文化事业服务能力的重要途径和举措。2020 年 10 月，党的十九届五中全会提出："推进城乡公共文化服务体系一体建设，创新实施文化惠民工程，广泛开展群众性文化活动，推动公共文化数字化建设。"积极推进高新技术在首都公共文化服务领域的应用，将极大提高首都公共文化服务设施的使用效率，有效提升公共文化服务能力和水平。

一、数字博物馆

北京数字博物馆是北京地区数字博物馆平台，2006 年由北京市文物局、北京市信息化工作办公室、北京市科学技术协会联合举办上线。北京数字博物馆分为数字场馆、数字地图、搜索引擎等板块。数字场馆板块根据内容与表现形式，分为自然科学馆、社会科学馆、综合博物馆、虚拟博物馆和趣味动漫馆；数字地图板块应用 GIS 技术，标识出北京地区的实体博物馆，告知参观者博物馆（科技馆）的位置、乘车路线、开闭馆时间及票价；数字列表板块列出了已经建立了网站的博物馆（科技馆）的网址、供网友点击浏览。

博物馆以影像为核心资源建设信息系统，建立影像采集的流水线和影像相关资源的数据库，在此基础上建设核心管理数据库。故宫利用数字技术，制作了一批精彩的影像作品，通过在网站开设"虚拟展厅"展示故宫文化。2003 年，故宫博物院与日本凸版印刷公司合作，共同成立了故宫文化资产数字化应用研究所，利用先进数字化技术，以虚拟现实作品为载体，全面、直观地记录古建筑及文物的三维数据，相继完成五部大型虚拟现实作品——《天子的宫殿》《三大殿》《养心殿》《倦勤斋》《灵沼轩》，[1] 从建筑场景的展示到非物质文化遗产的再现，再到文化氛围的表达，不断深入探索故宫的文化内涵。

故宫充分利用现代传播技术，进行多层面和多视角的文化展示。故宫博物院官方网站、新浪、腾讯、微信公众号是故宫对外发布信息的主要窗口和与公众交流沟通的主要平台。故宫博物院推出微信公众号"微故宫"和"掌上故宫"智能导览应用，故宫爱好者可以更便捷地了解古代建筑、馆藏文物、虚拟展览等方面的信息。"数字故宫"为公众提供了翔实的研究、学习资料和生动的文化体验，让"故宫出品"成为社会广为关注和欣赏的文化品牌，让更多民众享受到了故宫文化带来的精彩体验。

二、数字景区

圆明园，有"万园之园"的称号，对世界园林艺术的影响深远而广博，历史文化价值弥足珍贵。面对传统的传播及塑造方式无法重现圆明园的历史风貌的困境，数字技术带来了利好消息，即"数字圆明园"项目，利用高科技手段记录遗址现状，数字复原圆明园建筑、山形水系和室内陈设等，重现圆明园繁华盛景。同时，推出数字圆明园产品并建立数字平台进行推广与使用。

首先，建设遗址基础数据库，完善遗址数据的平台传播。对圆明园大量历史档案进行查阅、辨析、鉴别与数字化，档案包括国家图书馆、故宫博物院等藏样式房图档，法国国家图书馆收藏的《四十景图》，美国

---

[1] 乐藏天下.数字故宫：一个紧跟时尚的弄潮儿[EB/OL].(2018-06-12)[2022-09-08].https://www.sohu.com/a/235426015_99896256.

国会图书馆收藏的《圆明园大木作》以及现存老照片等；进行精密调查与残损勘察，运用 3D Laser Scanning（三维激光扫描）、CRP（Close-Range Photo Grammetry，即近景摄影测量）、NDT（Non Destructive Testing，即无损检测）、3S（指 GPS，即全球定位系统；GIS，即地理信息系统；RS，即遥感技术这三种技术）等技术进行信息采集；完善信息资料展示平台，构建包括数字展示产品（2D/2.5D/3D/4D）、科研平台（数字档案馆）、公众互动平台（主题网站）等的平台体系。"数字圆明园"项目有巨额数据做支撑，包括：超过 15000 栋建筑，涉及 1 亿个面、圆明园 31 个景区、10000 余件历史档案、4000 幅复原设计图纸、2000 座数字建筑模型、6 段历史分期中的 120 组时空单元，将历史空间进行还原，还原度高达 95%。

其次，进行数字化复原与重塑。利用如无人机航拍遥感技术、全站仪测绘、三维激光扫描等高科技手段记录遗址现状，对圆明园建筑、山形水系和室内陈设等进行数字复原，实现历史场景复原研究与虚拟再现以及公众分享与交流反馈的统一。对城市打造恢复现实的圆明园景区即城市文化"新"空间有着重要参考价值。

再次，历史模拟与"视觉"展示。过去参观者只能通过图片资料间接地了解历史的园林风貌景象，但是通过增强现实的可视化技术，如定点观察式、手持 PDA 式和基于 HMD 的可穿戴式三种不同的户外增强现实系统，利用虚实场景融合手法，在现场可以直观地恢复昔日的盛世景象，与遗址的废墟形成鲜明对比，增强参观者的历史文化体验感。

三、数字社区

数字社区是利用现代化的信息技术、通信技术、多媒体技术等，将社区活动中的众多信息连接起来，提供现代化管理服务，创造安全、舒适、高效、节能、健康的工作环境及生活环境，具有整体化、信息化、智能化、网络化、集成化、生态化等基本特点。目前首都以数字文化社区、24 小时自助借书机、"多网合一"、最美文化乡村以及示范区、示范项目为抓手，带动提升全市公共文化数字化、信息化水平，居民不出社区即可享受文化便利。

2012 年，北京市文化局在朝阳区潘家园街道图书馆正式启动北京市"数字文化社区"工程，依托高清交互平台，结合高新科技，创建多媒体、跨平台、多终端的文化信息资源共享平台，整合利用首都图书馆、艺术院团、文化共享工程等多渠道的文化信息资源，打造了集融合资讯查询、艺术欣赏、文化传播、交流互动为一体的公共文化数字新平台。

作为首都，北京的公共文化服务体系还须进一步完善和提升。应该提高公共文化服务的公共性、服务性和体系性，提高公众对公共文化服务体系的参与度、满意度和公共效益；建设完善首都公共文化服务的平台，通过平台开展公共教育讲座、公共文化交流、公共文化展示和公共文化体验，切实提升公众的文化素养和文明水平；建立公共文化服务体系，共建共享的联动协作机制，发挥政府的主导作用，多元参与；利用首都高校集中的优势，建立首都市民和大学生公共文化服务志愿者队伍，加强首都公共文化服务等。

第四章

首都文化科技融合协同创新对策分析

对标首都文化科技融合协同创新的目标，针对文化科技管理融合不够、要素不足、人才缺乏等具体问题，明确首都文化科技融合协同发展的优化路径，在加强体制与规划建设、平台与要素建设、智库与人才建设等方面提出建议。

第一节 深化体制改革，加强园区规划

一、深化文化科技体制改革

（一）完善市场机制

坚持政府支持，市场引导的原则，加大体制机制创新力度，从业务模式和形态角度做好大众创业、万众创新分类工作，制定专业化、细分化的政策扶植，建立完善都市合作机制，市区统筹机制，区县联动机制；减少政府对市场主体经济活动的宏观干预，充分发挥市场的调节机制，建立企业推出机制，通过市场竞争、市场选择、市场整合，推进企业的并购重组，充分发挥文化科技龙头企业的辐射带动作用，提升首都文化科技整体竞争力。

（二）明确奖励机制

建立文化科技融合产业专门的考核制度体系，明确创新奖励机制。制定文化科技企业发展年度考核体系，加强对文化科技企业的监测与分析，及时、准确反映产业发展动态；制定文化科技企业发展的奖励机制，对于取得重大创新成果的企业给予奖励。

（三）健全知识产权保护机制

首先，应建立健全知识产权保护制度，依据《北京市知识产权保护条例》《北京市著名商标认定和保护办法》《北京市知识产权保护条例》等规章条例，修订并完善《北京市专利保护和促进条例》《北京市会展知识产权保护办法》等现有规章中关于文化科技的相关内容，出台保护首都文化科技企业的知识产权的相关条例，为建立首都文化科技知识产权体系提供强有力的法律保障。其次，应设立文化科技产品综合交易所，针对文化科技知识产权提供必要的场所、设施及交易规则，保证产权交易过程顺利进行。

（四）强化行业监管

政府部门应强化行业监管，依法依规加强文化科技融合产业内容监管，建立部门协调、沟通和信息共享机制，积极探索有效监管方式，全面提升主动监管能力和技术保障水平，健全长效监管机制。尤其加强对知识产权的保护，构建版权保护体系，政府联合企业共同打造版权保护联盟，探索版权保护机制，重点开展以打击侵权盗版为重点的专项治理活动，为文化科技融合发展提供有效竞争的社会环境。

二、加强园区规划与服务

（一）加快规划建设一批专、精、特、新的产业园区

面向新媒体、动漫游戏、网络、软件及计算机服务等发展潜力巨大的文化与科技融合产业的发展需要，结合首都空间资源的优化配置，强化与规划、土地、环保等部门的对接，统筹规划和推进建设一批专、精、特、新产业园区。

（二）开展首都文化科技融合示范园区与基地认定，出台园区的相关认定办法

大力巩固提升一批文化科技融合产业园区。继续支持中关村软件园、中关村创意产业先导基地、清华科技园等园区发展，引导园区结合园区定位，围绕关系产业发展的共性环节开展公共服务体系、公共技术平台、技术转化平台和孵化器建设，进一步提升服务体系和产业集聚能力。

（三）加强对领军企业的项目资金支持、产品出口支持和专人定向服务，培育文化科技细分行业领军企业

通过政府采购、项目补贴、研发支持、培训辅导等扶持形式，培育专、精、特、新的中小企业集群。

总之，加快首都科技文化融合创新必须深化体制改革，优化协同创新环境。坚持政府支持与市场引导的原则，加大体制机制创新力度，完善区域协调合作机制，充分发挥市场调节作用，提升文化科技龙头企业的辐射带动效应；明确奖励机制，建立首都文化科技产业考核制度体系，加强对文化科技企业的监测分析，对取得重大创新成果的企业给予奖励；健全知识产权保护制度，出台首都文化科技企业的知识产权保护条例；加强文化科技产业监管力度，建立部门协调、沟通和信息共享机制，提升主动监管能力和技术保障水平。

第二节 推动协同创新平台建设，促进要素整合

一、实施协同创新平台战略

（一）集聚带动战略

通过搭建产业融合平台，加强文化与科技的信息交流、产业互动、对外贸易等平台建设，促进文化与科技的相互渗透和跨界发展。加快各类文化创新要素集聚融合；通过项目培育特色鲜明、差异发展的文化科技融合型产业集群。

（二）跨界驱动战略

通过技术突破驱动、跨界跨越发展、政府政策推动等文化科技融合模式，推动产业发展。通过优化政策，鼓励企业进行技术创新和产业升级改造来提高文化企业的科技化发展水平，鼓励文化、科技企业通过本项目平台的跨界发展、兼并重组创新文化科技融合新业态，通过政府引导、产业示范工程等优化文化科技融合发展环境。

（三）龙头引领战略

重点领域培育龙头企业，提升技术支撑水平，创新文化表现模式，发挥带动作用，培育文化品牌，发展对外文化贸易，带动文化消费。

（四）优化产业要素战略

从文化科技企业、跨界人才、市场、金融、政策、组织管理等要素着手，加快形成文化科技融合发展支撑体系，并将此支撑体系融入平台模式中。

二、强化协同创新平台路径

（一）打造技术集成平台

加快文化创意产业技术研究院、高端信息产业技术研究院等科研院所

建设，建立首都文化创意产业实验室、文化科技装备实验室等市级重点实验室，推进一批关键技术研发项目实施。围绕云计算、大数据挖掘、三网融合、数字内容搜索、虚拟现实等技术，挖掘和支持重大科技研发在文化领域产业化项目。以中关村海淀园等园区为龙头，联合市科委共同建立研发公关团队，对当前文化企业和产业发展中存在的主要科技难题进行研发。围绕文化需求，提升文化科技融合领域重大共性技术与集成技术的创新能力，加大数字电视、数字出版、物联网等关键技术的攻关，提高科技成果的转化应用率，推动文化科技融合成果的集成应用。

（二）建立新型成果转化孵化集聚平台

1. 认定和壮大文化科技专业孵化器和成果转化孵化平台

首先，开展首都"文化与科技融合产业孵化器"认定，对专业特色鲜明、服务体系健全的专业孵化器进行认定，将北京融创动力产业园、中关村游戏动漫孵化器、人大文化科技企业孵化器等现有文化科技企业孵化器做大做强；其次，引导孵化器加强与中介机构合作，形成包括团队组建、人事代理、法律咨询、人才培养、创业辅导、技术支持、创投资金、市场推广等在内的全链条产业孵化服务；再次，加强文化科技成果转化平台建设，重点建设基于首都科研院所、重点实验室等成果转化平台，新媒体协同创新平台以及集设计、创意、样品制造、规模化生产、渠道销售、知识产权保护、投融资等于一体的创意设计转化平台；最后，要充分引导和鼓励孵化器开展虚拟网络孵化平台建设，突破空间制约，拓展产业孵化服务的覆盖范围，打造多个"虚拟孵化器"。

2. 强化文化科技企业的主体地位

通过平台，推出一批龙头企业。引导人才、资本、技术等核心要素向企业聚集，促进产学研用有机结合。支持文化科技企业与首都高等学校、科研院所等联合共建产学研用创新联盟。鼓励文化企业与科技企业通过项目合作和相互参股、控股、兼并收购等方式，实现双向进入，在本项目上推出一批上市融资的龙头企业。

组织认证一批文化科技企业。确立文化科技融合企业的认定与统计标准，进一步明确和细化文化科技融合示范基地和企业、产品、服务认定标准，建立对文化科技企业有吸引力的激励机制，并配套实施相关奖励与优惠政策。

（三）完善企业投融资平台

文化科技企业投融资信息服务平台的建立是一项综合性的系统工程，必须注重协调地方政府、金融机构及社会各方力量共同参与。多元协同，可以提升企业信用管理水平，以降本增效和信贷担保风险为目的，建立政府主导、金融机构参加，相关部门联动的高效融资服务平台、为中小企业提供全方位、综合性的融资服务。具体搭建以下子平台：

信用信息服务平台。发布文化科技企业、商业银行、政府部门、担保机构等部门的信用信息，提供查询检索服务。例如通过平台发布国家及北京有关文化科技融合企业重点扶持政策，货币信贷政策，金融产品、利率，贷款的程序、流程等；文化科技企业通过平台发布贷款需求以及本企业信用信息。充分发挥人民银行个人征信系统与企业征信系统资源优势，建立统一的企业信用信息数据库，逐步从行业征信走向联合征信。

融资贷款服务平台。通过建立商业银行、非银行金融机构与文化科技企业的融资网络，提供融资政策信息、产品供求信息等，缩短融资时间，降低融资成本，减少融资风险，为企业提供快捷、方便、安全、周到的融资服务。

专业担保服务平台。通过建立以政策性担保机构为主体、以商业性和互助性担保机构为两翼，区县两层的担保体系，形成企业信用担保在线申请、在线审核、动态统计网络，在企业、商业银行之间搭建融资桥梁。

政策法规服务平台。整合银行、信用担保机构、政府等资源，为中小企业提供服务，建设政策信息服务网络，形成快速、准确、完整的政策信息沟通渠道。

在线咨询平台。通过专业人士在线解答的方式，接受广大企业的咨询，及时满足企业需求。

（四）建设重点行业和要素整合平台

1.打造产业集群，发挥规模效应

重点面向互联网文化产业等发展潜力巨大的领域的需要，加快规划建设专、精、特、新的产业园区。培育和孵化具有良好商业模式的文化科技创业企业，构建一批创新与创业相结合、线上与线下相结合、孵化与投资相结合的文化科技众创空间。加强对领军企业项目的资金支持、产品出口支持和专人定向服务，培育专、精、特、新的中小微企业集群和细分行业领军企业，打造具有时代特色的文化科技品牌。

2.打造不同行业平台

加强对传统文化科技升级项目的鼓励与推荐。对于利用大数据助力文化产业转型升级的传统文化产业领域，大力鼓励其对产业的升级，提升重点传统文化产业的科技表现力，形成新的产业格局。加强对新兴文化业态的孵育。培育"文化 + 科技 +"的融合型业态。推动文化科技与旅游、教育、金融等相关产业融合发展。加强文化科技设施与装备建设，通过物联网基础设施、云计算基础设施、地理空间基础设施等新一代信息技术以及维基、社交网络、Fab Lab、Living Lab、全媒体融合通信终端等工具，打造文化科技设施与装备平台。

3.推动协同创新平台建设，促进要素整合

搭建首都文化科技融合技术集成创新平台，推进文化科技领域集成创新，加快互联网、云计算、大数据、物联网等关键技术攻关，强化互联网思维与传统文化产业跨界深度融合，重塑传统文化企业"价值链"；认定和壮大一批文化科技专业孵化器，引导孵化器与中介机构合作，形成全链条产业孵化服务；加强文化科技成果转化建设，建立基于首都科研院所、重点实验室的成果转化平台；鼓励开展虚拟网络孵化平台建设，突破空间制约，拓展产业孵化服务的覆盖范围，打造"虚拟孵化器"；设立首都文化科技产品产权综合交易所，创新文化科技企业的投融资平台，以互联网促进各类物权、债权、股权、知识产权等文化产权流动，以市场推动文化与资本的对接，为中小微企业提供信用信息、融资贷款、专业担保、政策法规、在线咨询等服务；建立首都文化科技合作共享平台，借助互联网技术，电商结合，进行线上线下的合作与营销，在组织形式、传播途径、商业模式上激发传统文化产业活力，推动各类文化科技要素资源聚集、开放和共享，促进跨区域、跨领域的文化科技协同创新和成果转移。

（五）强化信息共享平台

文化与科技融合服务平台能够为相关企业、研究机构、协会和个人提供诸多信息服务与发展指导，对文化科技企业的健康发展具有巨大的推动作用。针对中小微文化科技企业难以及时获得有效信息资源的现状，市科委、市文化局等有关部门可同专业的网络运营商合作，最大限度地集中科技资源和文化资源，形成专门的文化产业与科技融合网络服务平台。政府采取多种手段，建立健全首都产学研信息共享平台，集国内外行业咨询、产业动态、市场行情等信息于一体，为文化科技园区、企业和个人提供搜集市场信息、发布企业产品、进行电子商务活动等方面服务，例如定期向社会公布技术目录和投资指南，抓好专利检索、技术数据等科技信息网络建设，建立技术供求信息库，完善互联网信息交换平台等。同时，平台也为企业和个人提供专业的咨询、指导和评估，企业通过平台可以获知研究机构和高校的最新研究成果，高校和科研机构可以通过平台深入市场，得知企业的生产需求等信息。

第三节 加强文化科技人才培养与智库建设

一、加强文化科技人才培养

（一）完善人才结构体系

依托首都科技教育资源集聚的优势，建立以企业为主体，各类院校和科研机构为支撑，培训机构为辅助的多层次人才培育体系。教育机构应积极寻求文化科技融合项目，实现理论与实践相结合，使人才培养模式与社会应用领域相匹配。高校、科研院所等借助学术优势与创作优势，开展交流合作，实现"产、学、研"一体化；鼓励有条件的院校开设数字出版、数字新技术等专业，主动开辟能够适应和满足文化创新所需要的前沿学科，大量培养文化科技相关产业链的专业人才，实现企业用人与学校专业设施相契合。产业融合需要懂技术、懂创作、懂市场的复合型人才，要加强高校教育与社会需求的无缝对接，促进企业与高校的合作，培养复合型人才。大力发展教科文融合的新兴、前沿交叉学科，并将其巩固提高，作为新的学科生长点，为建设文化强国而不断推进战略性学科布局。

（二）吸引文化科技复合型人才

人才是文化科技创新的关键，要加大文化科技人才培养引进力度。第一，整合高校、科研院所优势，加快培养文化科技复合型人才，借鉴先进地区高新技术人才扶持政策，研究建立符合首都文化科技融合发展的工作机制，培养和引进顶级文化科技人才；第二，完善人才考评管理机制，大力吸引国内外高层次文化科技人才，建立文化科技人才数据库，努力营造一流的人才发展环境，大力开展政产学研用人才联合培养试点，在文创企事业单位中加强文科类博士和博士后青年英才创作基地建设；第三，鼓励龙头企业联合区内高校，组织面向行业应用的设计大赛、游戏动漫原创大赛、微电影创作大赛等赛事，挖掘一批具备创新意识、创意活力、实干能力的储备人才，加快集聚一批具有国际视野、掌握前沿技术、懂得经营管理的创业团队；第四，建立健全文化科技人才津贴制度、文化名人工作室制度、文化科研项目扶持资助机制，进一步完善文化科技人才职称评审、医疗服务、配偶安置和子女就学的"绿色通道"。

总之，要强化复合型人才培养，保障首都文化科技智力支持。依托首都教育资源集聚优势，开展文化科技人才培养的产学研合作模式，打破传统文科、工科之间的壁垒，整合电子商务、数字出版、动漫游戏、创意设计、科技管理等更多的学科资源，建立以企业为主体，各类院校和科研机构为支撑、培训机构为辅助的多层次人才培育体系。

二、加强首都文化科技智库建设

（一）加强首都文化科技智库机制与管理

随着时代发展，首都文化科技融合发展遇到的问题更加多元，需要更加融合性与专业性结合的文化科技智库。在公共政策咨询体制机制建设、运营管理、国际化网络建设等方面，首都文化科技智库需要不断调整，紧跟产业发展。

1. 加强公共政策咨询体制机制建设

公共政策制定的过程和信息的公开化是决策科学化、民主化的基础。政府要建立适当的机制，提高各个类型文化科技智库获得公共政策信息的效率，促使文化科技智库更好地参与到公共政策制定过程当中。建立公共政策信息和数据共享平台，建立政府与各界领军人物长效交流机制，推进首都文化科技智库创新成果的社会评估机制形成。另外，要继续完善首都地区文化科技智库信息交流平台的建设。

2. 加强科学化、高效化、规范化管理

首都地区的文化科技智库建言献策渠道存在单一、不是十分通畅等问题，应该对现有的建言献策渠道进行全面审视，重视各类型、各层次文化科技智库建言献策的渠道建设，将其视为促进首都地区文化科技智库发展的重要内容，将智库建言献策渠道正规化、常规化、动态化，同时加强行业管理，加强智库政治建设，保证底线。同时从行业角度进行首都文化科技智库的自律与协同。

3. 制定税收减免与奖惩鼓励机制

一方面，针对智库型企业和科研人才给予相关税收减免优惠。另一方面，制定科学的补贴和奖励办法，为智库组织及人才提供补贴和奖励，提高积极性和成功率。

（二）提升首都文化科技智库发展水平

文化科技智库成果的公信力、经费来源的可持续性、科研人员的专业性等是制约首都文化科技智库自身发展水平的重要问题。从提升首都文化科技智库自身发展水平层面，建议如下：

1. 保障文化科技智库的独立性和公信力

保有较强的独立性，不违背自身意志或者不歪曲既定的事实，这样才能保证文化科技智库的可信度，得到公众的认可。实现文化科技智库筹资渠道的多元化，有利于文化科技智库的社会化发展，有利于文化科技智库内部多学科和跨学科研究的发展，保障首都文化科技智库独立性。因此，要努力建设多元化的融资渠道，如通过市场化的运作加强与基金会、企业以及社会之间的合作，增强经费运营管理的效率。

2. 强化科研经费管理，保障文化科技智库顺利建设

针对文化科技智库经费来源不稳定以及渠道有限等问题，相关部门应在《国家高端智库专项经费管理办法（试行）》《中央级公益性科研院所基本科研业务费专项资金管理办法》等经费管理政策基础上，加快制定文化科技智库建设专项资金管理办法，为文化科技智库基本科研业务费提供专项资金。支持文化科技行业基础性、支撑性、应急性科研工作。

3. 打造首都地区的文化科技智库联盟

加快推进首都文化科技智库发展联盟建立，配套建设首都文化科技智库信息交流平台，定期举行首都文化科技智库联席会议、学术论坛等，整

合政府、高校等制度、思想资源。打造智库集聚区，推进国际国内不同智库之间的合作交流水平，实现首都文化科技智库共享、共赢、协作发展。引导文化科技智库产业化、集聚化发展。鼓励文化科技智库项目落地，鼓励建立文化科技智库园区，提升文化科技智库集聚化、集约化、国际化水平。

（三）促进智库成果应用与传播

成果的应用与传播是实现首都文化科技智库价值的根本。

1. 建立项目库和推广机构

建立项目库是首都文化科技智库高效、高质地研究出成果的重要支撑。首都文化科技智库建设管理，要在实践中不断改进和完善，严格项目准入制度、规范项目入库材料格式，及时更新和调整库内项目，充分利用好项目库资源，保证项目库灵活有效运转。

成立成果推广机构。首都文化科技智库普遍存在重立项、轻管理、轻推广的问题，尤其是国家级文化科技智库，成果推广度不高，成效不足。应鼓励智库建立成果推广中心，负责政策研究、理论创新、技术研发等成果的宣传与推广，更好地服务首都文化科技融合战略。

2. 维护研究成果公共传播渠道和网络

随着互联网时代和公民社会的快速发展，民意能极大地影响甚至改变政府决策的内容和方式。智库不仅限于对党政部门直接出谋划策，还在于向社会和政府贡献思想，从思想上对社会产生广泛影响。这不是直接的政策干预，但是对于提升政策质量具有深远意义。作为全国的政治和文化中心，首都地区智库更要加强与公众的沟通，引导、影响和教育公众。随着首都地区文化科技智库的快速发展，公共传播将成为其参与决策的一种基本形式，也必然是智库竞争力的重要表现。

3. 加强国际化合作网络建设

建设一流智库，要提高开放度，破除保守僵化，加大与国际著名智库交流合作。在全球化背景下，文化科技智库必将走向国际化道路。北京市作为首都，是我国文化软实力的展示平台。首都文化科技智库可以通过开展各种长期或短期的国际课题合作、创建国际访问学者资助平台、举办各类国际公共政策讲座和论坛等合作形式，加大对公共政策研究成果的传播力度，提高北京以及国家在国际上的地位和影响力。

总之，首都文化科技协同发展路径亟须从管理与规划、平台与要素、人才与智库等方面进行全面、立体、系统的建设。随着产业的迅速发展，文化科技融合也是一个不断变动的过程，首都文化科技协同发展战略需要进一步和产业实际结合，其路径有待进一步优化和持续加强。

综上，本研究受行业数据和调研数量等限制，还有很多不完善之处。新时代，首都文化科技融合发展，协同创新日益重要，这是一个战略性命题，需要进行长期的跟踪与研究。

参考文献

[1] 姜念云, 张松海, 谢夏. 大数据分析技术在文化资源管理中的应用[J]. 中国基础科学, 2014, 16(01): 17–20+27.

[2] 刘玉珠, 范周, 王国成, 闫贤良, 姜念云, 向继贵. 五举措力推文化与科技融合[J]. 时事报告, 2012(07): 28–37.

[3] 姜念云. 从科技对文化产业发展的促进作用看文化科技发展的特点[J]. 中国科技资源导刊, 2014, 0(4): 1–6.

[4] 郭万超. 北京建设世界城市的科学定位[J]. 城市管理与科技, 2010, 12(05): 6–9.

[5] 郭万超. 把脉文化创意产业[J]. 中国经贸导刊, 2007(16): 53.

[6] 毛琦. 北京城市文化资源的数字化虚拟传播——以胡同与四合院文化传播为例[J]. 现代传播: 中国传媒大学学报, 2013(5): 149–150.

[7] 方燕, 付文峰. 北京市文化创意产业发展分析[J]. 新闻与写作, 2014(08): 92–95.

[8] 陈波. 政产学研用协同创新的内涵、构成要素及其功能定位[J]. 科技创新与生产力, 2014(01): 1–3+14.

[9] 卜琳华, 安实, 付强. 基于高等院校主导的协同创新模式研究[J]. 科技进步与对策, 2012, 29(22): 40–43.

[10] 赵学琳. 基于钻石模型对我国文化产业集群发展要素的整体分析[J]. 探索, 2011(06): 95–99+110.

[11] 税伟, 陈烈. 产业集群竞争力的钻石系统分析框架与应用路径[J]. 经济问题探索, 2009(04): 33–39.

[12] 陆淑敏, 饶元, 金莉, 吕晓宁, 李勇. 面向科技融合的文化创意产业协同创新机制研究[J]. 西安交通大学学报(社会科学版), 2013, 33(03): 13–16+69.

[13] 秦嗣毅. 企业文化提升企业核心竞争力路径的钻石模型研究[J]. 生产力研究, 2006(12): 226–229.

[14] 彭华涛, 马龙, 吴莹. 推动协同创新应不断强化政府的主导作用[J].

经济纵横,2013(08):13–17.

[15] 李祖超, 梁春晓. 协同创新运行机制探析——基于高校创新主体的视角[J]. 中国高教研究,2012(07):81–84.

[16] 梁嘉骅, 王纬. 一种新的经济组织形态——产业联盟[J]. 华东经济管理,2007(04):42–46.

[17] 刘刚. 政府主导的协同创新陷阱及其演化——基于中国电动汽车产业发展的经验研究[J]. 南开学报(哲学社会科学版),2013(02):150–160.

[18] 李力, 王宏起, 武建龙. 基于产业联盟的产业自主创新能力提升机理研究[J]. 工业技术经济,2014,33(05):24–30.

[19] 李力. 新兴产业技术标准联盟协同创新机制研究[D].哈尔滨理工大学,2014.

[20] 齐媛媛. 协同创新环境下北京数字出版产业发展模式研究[D]. 北京印刷学院,2015.

[21] 王林生. 北京文化科技融合发展状况分析及对策建议[J]. 北京市经济管理干部学院学报,2014,29(04):13–18.

[22] 王立丽, 牛继舜. 伦敦文化创意产业发展模式借鉴与启示[J]. 商业时代,2013(14):121–122.

[23] 庄严. 日本文化产业发展创新的实现路径及经济效应分析[J]. 现代日本经济,2014(02):18–29.

[24] 张武军, 翟艳红. 协同创新中的知识产权保护问题研究[J]. 科技进步与对策,2012,29(22):132–133.

[25] 赵静, 薛强, 王芳. 创新驱动理论的发展脉络与演进研究[J]. 科学管理研究,2015,33(01):1–4.

[26] 方慧, 尚雅楠. 基于动态钻石模型的中国文化贸易竞争力研究[J]. 世界经济研究,2012(01):44–50+88.

[27] 薛可, 余明阳, 黄晶, 陈艺. 上海文化产业发展模式研究——以张江高科文化产业园为例[J]. 中国文化产业评论,2011,13(01):285–302.

[28] 张新明. 国家级高新技术产业开发区发展要素分析及上海张江高新区实证研究[D]. 华东师范大学,2013.

[29] 尹增宝. 文化与科技融合新范式——文化科技产业园理论探析[J]. 辽宁行政学院学报,2014,16(05):7-9.

[30] 洪涓,刘甦,孙黛琳,付建文. 北京与伦敦文化创意产业发展比较研究[J]. 城市问题,2013(06):38-41+61.

[31] 李滨虹,王成. 充分发挥政府在产学研合作中的作用[J]. 沈阳干部学刊,2007(01):37-38.

[32] 蒋伟,钟睿,张晶晶. 关于开展全国演出场所信息普查工作的思考[J]. 艺术科技,2009(02):12-15.

[33] 蒋伟,亓超,王进勇,蒋玉暕,张晶晶,周斌. 关于我国文化演出院线经营模式的分析[J]. 演艺科技,2012(09):38-42.

[34] 沈颖. 科技创新推动文化产业发展的对策建议[J]. 科技与经济,2006(05):59-61.

[35] 代光举. 区域文化产业竞争力与发展研究[D]. 西南财经大学,2012.

[36] 尚雅楠. 英国文化产业集群创新机制研究及对中国的启示[D]. 山东财经大学,2013.

[37] 褚劲风. 东京动漫产业空间集聚与企业区位选择研究[J]. 地域研究与开发,2009,28(02):35-40.

[38] 赵倩倩. 世界城市的文化科技融合研究及对北京的启示[D]. 首都经济贸易大学,2014.

[39] 伊彤,江光华,黄琳. 试论文化与科技融合发展的基本模式[J]. 中国科技论坛,2015(05):122-127.

[40] 邓达,周易江,张斯文. 文化创意产业关联性实证研究[J]. 经济纵横,2012(12):40-43.

附　录

附录1 首都文化科技融合协同创新模式企业调查问卷

首都文化科技融合协同创新模式研究调查问卷

机构/企业名称:＿＿＿＿＿＿＿＿＿＿＿＿＿＿＿＿＿＿＿

1.贵企业开展文化科技融合协同创新的主要动力因素:（多选并按重要性排序）（＿＿＿＿＿＿＿＿）

（1）市场需求的增长　　　　　（2）企业家的创新意识和能力

（3）迫于行业竞争的压力　　　（4）开发新产品的需要

（5）提升企业品牌　　　　　　（6）提高企业科技水平

（7）增加企业收益　　　　　　（8）培养高素质人才

（9）提高企业核心竞争力　　　（10）整合利用资源

（11）政府政策的鼓励　　　　　（12）其他:＿＿＿＿＿＿＿（请注明）

2.贵企业实现文化和科技融合创新的主要模式是:（多选并按重要性排序）（＿＿＿＿＿＿＿＿）

（1）自主研发　　　　　　　　（2）合作开发（含产学研合作）

（3）委托开发　　　　　　　　（4）模仿开发

（5）专利购买　　　　　　　　（6）创新人才跨界交流

（7）公司重组或并购　　　　　（8）其他:＿＿＿＿＿＿＿（请注明）

3.贵企业在文化和科技融合协同发展中有哪些经验:（多选并按重要性排序）（＿＿＿＿＿＿＿＿）

（1）更新企业经营理念，对企业进行变革

（2）培养文化和科技融合创新氛围

（3）引入人才，提升创新能力

（4）引入合作伙伴，实现资源整合

（5）引入先进技术，改造传统产品

（6）提高企业新技术开发和应用能力

（7）引入战略投资者，延伸产业链

（8）其他：_____（请注明）

4. 影响企业商业模式创新的主要因素是：（多选并按重要性排序）

（_____）

（1）市场竞争的强度　　　　　（2）市场环境的公平性

（3）新技术的开发和完善　　　（4）消费者需求的变化

（5）企业家的创新意识和能力　（6）企业创新文化氛围

（7）企业技术创新能力　　　　（8）企业内部管理水平

（9）政府的支持程度　　　　　（10）其他：_____（请注明）

5. 目前企业发展亟须的人才是：（多选并按重要性排序）（_____）

（1）创意设计人才　　　　　　（2）技术开发人才

（3）项目管理人才　　　　　　（4）市场营销人才

（5）加工制造人才　　　　　　（6）售后服务人才

（7）产品经理人才　　　　　　（8）其他：_____（请注明）

6. 企业人才发展存在的主要问题：（多选并按重要性排序）

（_____）

（1）人才不足　　　　　　　　（2）人才结构失衡

（3）人才流动大　　　　　　　（4）人才招聘难度大

（5）人才培养成本高　　　　　（6）创新意识和能力不强

（7）外部交流合作少　　　　　（8）其他：_____（请注明）

7. 文化科技融合中主要存在哪些风险：（多选并按重要性排序）

（_____）

（1）市场风险　　（2）技术风险　　（3）资本风险　　（4）人才风险

（5）信息风险　　（6）管理风险　　（7）政策风险　　（8）项目风险

（9）信用风险　　（10）其他：_____（请注明）

8. 文化和科技融合发展面临的机制问题:（多选并按重要性排序）

（_____）

（1）投融资机制缺乏　　　　　　（2）风险分摊与补偿机制缺失

（3）信用担保机制不健全　　　　（4）资源共享机制不协调

（5）信息沟通机制不健全　　　　（6）组织协调机制不健全

（7）激励约束机制不健全　　　　（8）资产评估机制不健全

（9）文化科技成果转化机制落后　（10）知识产权保护机制缺漏

（11）产品交易市场机制不健全　（12）文化科技人才培养机制滞后

（13）文化科技项目管理机制不健全（14）文化市场预警机制缺乏

（15）其他:_____（请注明）

9. 文化和科技融合发展资金面临的问题:（多选并按重要性排序）

（_____）

（1）流动资金有限　　　　　　　（2）资产难以评估

（3）缺乏有效担保抵押物　　　　（4）融资渠道少

（5）担保信用体系不健全　　　　（6）贷款利率和成本过高

（7）手续烦琐　　　　　　　　　（8）其他:_____（请注明）

10. 文化和科技融合知识产权保护存在的问题:（多选并按重要性排序）

（_____）

（1）知识产权保护意识淡薄　　　（2）竞争对手恶意侵占

（3）知识产权价值评估难　　　　（4）对侵权行为的惩处不力

（5）维权成本高　　　　　　　　（6）其他:_____（请注明）

11. 贵企业主要通过哪些渠道了解政府政策:（多选并按重要性排序）

（_____）

（1）新闻广播报刊网络等媒体　　（2）政府部门

（3）行业协会　　　　　　　　　（4）中介服务机构

（5）其他企业　　　　　　　　　（6）项目招标

（7）政府与企业的交流会　　　　（8）其他:_____（请注明）

12. 在文化和科技融合过程中，贵企业享受了哪些政策和服务：(多选并按重要性排序) (_____)

（1）获得政府文化科技项目资金支持

（2）享受了税收减免等优惠政策

（3）得到政府采购支持

（4）享受了政府提供的公共服务

（5）享受了政府的奖励政策

（6）享受了政府的人才政策（含科技特派员）

（7）获得知识产权保护

（8）其他：_____（请注明）

13. 在协同创新中，贵企业享受了政府的哪些政策和服务：(可多选) (_____)

（1）搭建科技条件平台，设立孵化器，促进科技资源共享

（2）提供科技信息服务

（3）提供各类创新资金

（4）帮助引进人才，鼓励高校或科研机构人员在企业兼职，技术入股

（5）提供减免税收等优惠政策

（6）推进创业投资等融资服务

（7）鼓励科技中介服务机构发展

（8）组织项目或产品推广、技术与资本对接、科技合作交流等活动

（9）改革应用性成果评价体系

（10）其他：_____（请注明）

14. 您认为政府应该从哪些方面促进文化和科技深度融合发展：(多选并按重要性排序) (_____)

（1）加强整体规划，促进产业集聚发展

（2）组建技术研发平台，攻克行业关键技术瓶颈

（3）完善文化和科技融合信息平台

（4）组建产学研战略联盟，促进科技成果转化

（5）加大政府财政投入（项目支持）

（6）加大企业税收减免优惠力度

（7）加大政府采购扶持力度

（8）加大文化和科技融合的金融创新，为企业提供金融支持

（9）搭建产权交易平台，规范市场秩序

（10）加大创新人才的优惠和激励政策

（11）加强园区建设，延伸产业链

（12）培育促进文化科技融合的中介服务机构

（13）定期组织博览会，加强品牌推广宣传

（14）其他：＿＿＿＿＿＿＿＿＿＿＿＿＿＿＿（请注明）

15. 贵企业在开展文化科技融合协同创新过程中有哪些成功经验？（如有企业情况介绍和典型案例可附页说明）

16. 贵企业在开展文化科技融合协同创新过程中遇到过哪些问题，是如何解决的？（请具体说明）

17. 您对政府推进文化和科技融合协同创新有哪些具体建议？（请具体说明）

（请在选项前面的方框里打钩）企业信息：

1. 贵公司成立时间：

☐（1）1 年以内　☐（2）1~3 年　☐（3）3~10 年　☐（4）10 年以上

2. 贵公司性质：

☐（1）外商独资企业　☐（2）中外合资企业　☐（3）国有企业

☐（4）民营企业　☐（5）股份制公司　☐（6）股份合作制公司

3. 贵公司目前在职人数：

☐（1）20 人以内　☐（2）20~50 人　☐（3）50~100 人

☐（4）100~200 人　☐（5）200~1000 人　☐（6）1000 人以上

4. 贵公司所在行业：

☐（1）新闻出版　☐（2）广播影视　☐（3）信息传输

☐（4）广告设计　☐（5）休闲娱乐　☐（6）工艺美术

☐（7）会展中介　☐（8）文化用品　☐（9）设备制造

☐（10）其他：＿＿＿＿＿＿＿＿＿＿（请注明）

谢谢您的支持！

附录2 首都文化科技融合协同创新模式调研报告

案例：大麦网

随着时代的发展、科技的进步，原本主流的、大众的传播，追求高普及度的演出推广正在被新媒体分解。在信息方面往往以声音、文字、图形、影像等复合形式呈现，具有很高的科技含量，可以进行跨媒体传播。越来越多的演出开始介入包括APP、微博、微信订阅号等形式在内的新媒体平台，例如国家大剧院、戏曲剧场、天津大剧院等以剧场为运营主体的订阅号主要推送的是电子演出单。

截至2021年年底，全国有各类文艺表演团体1.6万个，根据中国演出行业协会发布的《2021年中国演出市场年度报告》统计，2021年全国演出市场总体经济规模335.85亿元。[1] 据北京市文化和旅游局发布的数据，2021年全市共推出2415台演出剧目，举办营业性演出20597场，观众人数513.5万人次，票房收入约7.83亿元。与2020年同期相比，2021年北京市演出场次增长195%，场次数量已经恢复到2019年以前的九成。在各类型演出中，曲艺、脱口秀和话剧演出场次最多，场次之和占比达63.6%。其中，话剧票房收入最高，约2.4亿元。[2]

票务处于现代文化、体育、旅游、娱乐服务业的前端，衔接文化资源与文化消费两大市场，是上述产业的关键节点。票务产业由传统票务向互联网票务和移动互联网票务升级已是大势。"互联网+演艺"是将文化艺

---

[1] 2021年度中国演出行业法治发展年度报告[R/OL].[2022-06-27].http://www.capa.com.cn/news/showDetail/182724.

[2] 2021北京演出市场回顾:稳增长、推精品、求跨界、谋创新 唱响红色主旋律 谱写首都新篇章[EB/OL].[2022-01-04].http://whlyj.beijing.gov.cn/zwgk/xwzx/gzdt/202201/t20220104_2581701.html.

术与科技进行创新融合，有利于加速立体市场运营网络的形成，支撑和促进文化、体育、旅游、娱乐产业发展。目前我国已经出现了大麦网、中演票务通、永乐票务等多家大型票务网站。以大麦网为例，其在发展过程中时刻注重将文化与科技进行融合，且集中体现于电子票务和演出众筹等环节。

随着我国经济的持续高速发展，文化艺术演出行业也得到了长足发展。票务处于现代文化、体育、旅游、娱乐服务业的前端，衔接文化资源与文化消费两大市场，是上述产业的关键节点。票务产业由传统票务向互联网票务和移动互联网票务升级已是大势。"互联网＋演艺"是将文化艺术与科技进行创新融合，有利于加速立体市场运营网络的形成，支撑和促进文化、体育、旅游、娱乐产业发展。目前我国已经出现了大麦网、中演票务通、永乐票务等多家大型票务网站。

为了进一步了解北京票务产业的发展现状，探寻"互联网＋演艺"的融合方式和运作流程，课题组专程对票务产业的龙头企业——大麦网进行了调研。

大麦网隶属于北京红马传媒文化发展有限公司，成立于2003年，坐落于中关村科技园东城园内，是中国最早的数字票务服务企业之一，是东城区重点科技文化融合企业。目前，大麦网已在北京、上海、广州等40多个城市建立直营中心，核心业务辐射东北、华北、华中、华东、华南、西南等六大区域，面向全国重大娱乐体育事件提供独家票务解决方案和市场营销管理团队，其产品与服务横跨娱乐、体育、旅游、互联网、软件研发五大文化创意产业领域。

大麦网是国家高新技术企业，北京市重点科技文化融合企业，先后研发了线上、线下、无线终端、电子票、RFID、身份证购票、在线选座等创新性票务技术。将文化艺术与科技完美融合，不断进行产学研协同创新，这正是大麦网领先于其他票务企业的主要原因。目前，这些技术引领着整个票务行业技术发展，已成为其他票务系统平台新建和配置升级的标准。

大麦网刘经理着重介绍了以下几个板块的创新：

1. "互联网 + 演艺"——大麦网电子票务

据 2014 年第 33 次《中国互联网络发展状况统计报告》显示，2013 年 12 月，中国手机网民规模达 5 亿。截至 2021 年，中国网民规模达 10.32 亿，使用手机上网的比例达 99.7%，传统互联网快速转向移动互联网。大麦网平均每月订单在 1 亿左右，其中，手机客户端订单量已达 50%。为此，大麦网自主研发了"自助换票机"，消费者通过互联网、手机等现代化终端，无须排队即可完成演艺信息搜索、选座、在线支付、现场兑换等行为，支付过程中甚至可以使用"白条""分期"等信贷功能，提升了消费体验。此外，大麦网"自助换票机"还百分之百支持电子票，采用国际同步的数字加密技术，有效降低了传统纸质票印制成本和快递成本且可杜绝倒票、假票现象，更加便捷安全。2014 年，此类"自助换票机"已在北京各大场馆广泛投入使用。

2. 演出众筹——大麦点将

众筹项目，大麦网从 2012 年就开始尝试了。作为演艺行业中最早的"尝鲜者"，大麦网将之定名为"大麦点将"。

大麦网刘经理强调运作演艺众筹项目也要讲求科学性。大麦网将一个众筹项目分为很多阶段，包括项目上线之前的调研，其做法是如果呼声特别高，就采取"点将"，这也分三个阶段：让观众通过手机参与投票，选择演出时间和城市；预热后，让大家根据自己可支付的能力支付定金，达到一定金额后，项目就会由演出主办单位承接，开始正常商业运作。如果众筹没有达到预期，项目可能就会夭折。"点将"成功，参与众筹的用户享有优先选座、优先购票等权利；"点将"失败，大麦网通过电子钱包将众筹资金如数退还，整个过程严谨、踏实，用户不会有任何损失。

相较于传统演唱会的举办方式——先做长时间的筹备，待到节目要推出的时候开始卖票，演出众筹是一种完全相反的模式，即 C2B"反向定制"。音乐人在目标时间、目标城市发起巡演项目，主办方根据支持人数，再判断演出的收入能否覆盖成本，进而决定是否要到这个城市进行演出和开展预售。这种方式既验证了市场，也避免了盲目"进城"举办演出带来的损失，既可以更加合理地规划巡演路线，也避免了资源的浪费。

值得一提的是，"大麦点将"的应用范围除了演唱会项目，也已拓展到话剧领域，大麦网的众筹话剧《盗墓笔记》已经在全国范围取得很好反响。

通过科技手段不断满足用户的文化艺术需求，是大麦网一直以来的工作信条，未来大麦网还会继续大力发展众筹项目和C2C平台，不断满足用户的各类需求。

作为票务行业新兴的龙头企业，大麦网一直致力于产学研协同创新，统筹各方力量努力提升自身文化科技融合水平，同时也带动整个行业的快速健康发展。而谈到自身的需求，大麦网刘经理表示希望政府有关部门建立专门的平台，使企业可以与世界最前沿的技术进行接触和交流，进一步促进文化艺术与科技的融合，从而推动我国票务产业的国际化拓展和文化艺术的广泛传播。

案例：爱奇艺

大数据是一种高级信息生产力，对文化生产形成了巨大影响，一方面，大数据改变了文化生产的方式，另一方面，大数据提高了文化生产的效率，能够实现文化传递的精准性。电视大屏推荐引擎即通过用户播放记录、观影时长、相似人群观影类型、社交平台数据分析等"大数据"分析，充分挖掘用户喜好和需求，主动向用户推荐其感兴趣或者需要的对象。

为了更全面地了解和研究"大数据＋文化创意"的发展现状，课题组还专门对依托百度大数据进行协同创新发展的视频领先企业——爱奇艺进行了调研。

爱奇艺，中国网络视频行业领导品牌。

自2010年4月22日正式上线以来，爱奇艺秉承"悦享品质"的品牌口号，坚持"让人们平等便捷地获得更多、更好的视频"的企业愿景，奉行"简单想，简单做"的企业文化，积极推动产品、技术、内容、营销等全方位创新，为用户提供更丰富、高清、流畅的专业视频服务。截至目前，爱奇艺构建了涵盖电影、电视剧、综艺、动漫、纪录片等十余种类型的国内首家正版视频内容库，高清流畅的视频体验成为行业标杆。"爱奇艺出品"战略更让网络自制节目进入真正意义上的全类别、高品质时代，极力彰显了品质、青春、时尚的品牌调性。

一、爱奇艺具备三大核心竞争力

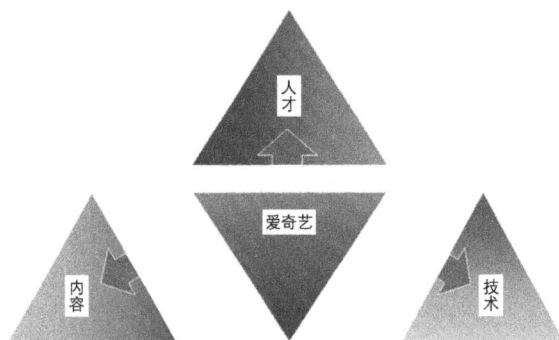

（一）内容

爱奇艺品牌理念为"悦享品质"，英文："Always Fun, Always Fine"。"悦享品质"四个字准确表达了爱奇艺高度追求品质的经营管理理念。爱奇艺依靠百度大数据平台，对用户群体所需的视频内容进行了细分和研究，由此确定爱奇艺自身的内容构成和发展方向。2021 年，尽管宏观和行业环境存在诸多不确定性，爱奇艺推出的《赘婿》《风起洛阳》《谁是凶手》等热门剧集内容依然大受欢迎。

一是高清视频，作为国内首家倾公司之全力来做正版高清视频播放平台的爱奇艺，精准地抓住了用户的感官需求，从流畅的观映体验、高清的视觉效果、贴心的分享感受等多个方面将"品质"做到极致，满足用户"悦享品质"的生活追求。

二是正版渠道，爱奇艺一直坚持引进正版版权，和国内多家卫视，央视，影院，以及和美国，韩国都建立了版权合作关系。

三是动漫路径，视频行业竞争愈发激烈，在竞夺"大热门"的同时，爱奇艺通过大数据调研分析，已经开始寻找自己的"新大陆"，例如，在流量大赛中跑赢电影的黑马型选手——动漫。《神笔马良》《喜羊羊与灰太狼》，等等，大多是国产正能量动漫剧，引人向善，获市场和口碑双好评。

四是文化依托，依托中国传统文化的自制节目《汉字英雄》等，广受好评，掀起了"汉字热""成语热"等风潮。

（二）技术

爱奇艺持续深耕云影院，探索建立新的电影在线发行生态系统。2021年，云影院共推出 9 部线上单片付费点播模式（PVOD）电影，内容涵盖喜剧、动作、悬疑、惊悚等不同类型。这一模式增加了优质内容的供给，为优秀的内容创作者提供了更好的展示平台，实现了电影创作者与平台的双赢。

爱奇艺在 2021 年年初推出的爱奇艺极速版在四季度 DAU 峰值达到500 万。爱奇艺极速版的用户与爱奇艺 APP 用户之间的重合率较低，帮助公司业务更广泛地渗透至三线、四线城市。

这些数据与爱奇艺的领先技术密不可分，P2P 加 CDN，全国范围内构建基站，不断创新和改进技术，保持技术员工比例不低于 50%，逐渐使高清流畅成为爱奇艺的代名词，自然赢得用户，赢得市场。

（三）人才

爱奇艺总部设在中关村，作为新兴文化科技企业，尤其注重技术和创意，因此，对人才板块非常重视。总体说来，爱奇艺人员构成有两种，一是高科技技术人才。爱奇艺拥有自己的博士科学家团队，部分员工来自清华、北大、北理工等顶尖高校；另一种是内容性人才，爱奇艺非常看重员工自身的想法、实力，并开创各种工作室来鼓励员工拓展思路。此外，爱奇艺还鼓励员工发明创作，由公司帮助申请专利、完善技术等。

二、爱奇艺政产学研协同创新：

1. 政产研模式：2014 年，在原文化部的大力支持下，爱奇艺和中国传媒大学以及北京邮电大学深度合作，对国内动漫进行综合评价，发布中国动漫指数综合报告，并编写 4 个手机动漫国家标准，参与手机动漫平台改造项目等。

2. 产学研模式：爱奇艺联合中国科学技术大学、山东大学共建"视频深度学习产学联合实验室"，计划通过可视计算、机器学习、大数据挖掘算法和自然语义分析，挖掘人与视频间的多维关系，构建视频知识图谱和视频推荐系统，提升爱奇艺智能推荐和流量、票房预测精度。

三、爱奇艺对未来文化科技政策管理的建议：

1. 建立相对清晰的行业划分。新兴文化科技企业的部分项目既无法归于科技类，也不能归于文化类，处境尴尬，影响项目执行和企业发展；

2. 境外剧目引进条例有待商榷。由以往的一集一审，变为一季一审，周期太长，容易滋生盗版；

3. 高层次人才引进缺乏落户指标；

4. 完善移动互联网立法，保护正版版权；

5. 政府适当放宽一些牌照限制。

案例：北京众筹设计典型案例

调研内容：

1. 北京工业设计促进中心

北京工业设计促进中心成立于 1995 年，直属于北京市科学技术委员会，是政府推动设计创意产业发展的促进机构和具有独立法人资格的事业单位。旨在依托首都文化、科技、人才和设计等资源优势，提升企业设计的创新能力，促进科技成果转化和推动设计产业发展。中心的工作职能包括设计产业研究、发布设计信息、组织设计项目申报、提供企业设计咨询、设计交易合同登记以及设计人才培训和开展国际交流合作等方面。

在众筹设计的探索中，工促中心项目管理部的王萌萌认为，通过建立开放型的设计平台，为广大设计企业以及设计项目营造良好的环境，是建立起众筹设计规则的基础，在这一方面，工促中心通过建立北京 DRC 工业设计创意产业基地进行了相关实践。

DRC 基地坐落于中关村高科技园区德胜科技园，是一个以政府宏观政策为指导，以首都雄厚的科技研发与设计创新综合实力为依托，以全市企业与设计机构为服务对象的设计资源整合与写作平台。DRC 基地在运营上有以下三大方向：

（1）公共服务平台。为将 DRC 基地建设为设计产业链的公共服务平台，基地建立了材料实验室与摄影实验室，我国最早的 3D 打印概念快速成型实验就诞生在这里，此外，基地还为各企业提供设计服务、法律咨询等一系列公共服务。

（2）企业孵化平台。通过为新生设计企业提供资金、场地等一系列的支持，DRC 基地成为我国最早的设计企业孵化平台，我国知名的设计公司"洛可可""视觉中国"就诞生于这里。

（3）人才培养平台。在为企业提供公共服务与孵化服务的同时，DRC 基地还是一个设计人才培养平台，基地设立了设计人才培训班，采用了"三真一模拟"的人才培养模式，在很大程度上解决了基地企业的用人问题。

在对众筹设计的具体路径进行探讨时，王萌萌从多年来工促中心的实际经验出发，认为众筹设计应该是设计、科技与消费的结合。首先，应该通过科技手段对设计产业的上游资源进行整合，提取出具象的设计元素，例如可以对各类文化资源数据库进行整合，提取出我国文化的图像元素，作为设计的基础资源。其次，设计主体要与电商平台相联合，利用电商平台的流量优势进行设计需求的收集，或者直接利用大数据等前沿科技手段对用户的需求进行分析，设计出符合未来趋势的产品。

2. 小米科技有限责任公司

在对众筹设计的探索中，小米科技有限责任公司的案例无疑更加具有现实意义。小米公司的众筹设计路径可以概括为以下三个方面：

（1）建立粉丝群。小米的第一步就是根据产品特点，锁定一个小圈子，逐步积累粉丝。小米手机把用户定位为发烧友极客的圈子，在吸引粉丝的过程中，创始人会从自己的亲友、同事等熟人圈子先开始，逐步扩展，最后把雪球滚大，形成了一个稳定的购买消费群体。

（2）进行设计概念内测。当建立了稳定的粉丝圈与消费圈后，小米就会为自身的产品征集设计意见，向部分铁杆粉丝发送预售工程机，免费任其使用一定的期限，到期之后，粉丝将对小米的设计部门提供自己的修改意见，从而完成众筹设计概念的收集。

（3）建立开放型的智能硬件平台。在完成对硬件产品的设计后，小米以几乎成本的价格向广大消费者销售从而获得广泛的市场占有率，而小米通过将其所有的硬件产品做成开放型的应用平台，来获得收益。值得注意的是，在这一平台中，众筹设计的概念无处不在，用户可以在这一平台上自由地设计与创建符合自身要求的应用软件，从而不断提升小米产品的个性化。

3. 众筹设计路径总结

从北京工业促进中心与小米科技有限责任公司的相关经验中可以得出，众筹设计的路径具体可以归结为以下几步：

（1）以文化元素、文化环境、科技手段为导向建立起广泛的消费者群体。

（2）以市场化手段将消费者的角色转变为设计师，向消费者征集设计意见。

（3）设计师作为执行者将消费者的意见转化为实际产品，以文化附加值为产品的核心竞争力占领市场，并将设计产品打造为应用平台。

（4）将应用平台向所有用户开放，通过运营平台来获取后期收益。

案例：北京动漫游戏企业

一、北京动漫产业概况

根据北京动漫游戏产业协会统计数据，2020 年，北京动漫游戏产业总产值约为 1063 亿元，约占全国动漫游戏产业产值的 19.3%，相比 2019 年的 806 亿元增长 32%，实现了"十三五"期间动漫游戏产业产值翻倍。其中，北京动漫产业总产值为 168.71 亿元，游戏产业总产值为 894.29 亿元。[1]

2020 年出现的新冠肺炎疫情激发了数字娱乐消费新需求，动漫游戏产业受用户数量增长、使用时长增加、消费活跃等有利因素影响，逆势上扬。截至 2020 年 10 月，北京动画片备案总长度为 15681 分钟，约占全国动画片备案总长度 155114.3 分钟的 10.1%。[2] 中国动画产业呈现以北京为中心辐射周边城市，不断发展壮大态势，在疫情常态化之后仍保持逆势上涨趋势。

2020 年全国网络动画市场快速增长，市场规模达 205.2 亿元，网络漫画市场规模达 33.5 亿元，而北京，正是这个市场的领跑者。动画电影方面，2020 年合计上映动画电影 33 部，比 2019 年上映的 74 部锐减 73.5%。其中国产动画 16 部，合计票房 17.12 亿元，占比 73%；进口动画 12 部，合计票房 6.26 亿元，占比 27%，国产动画电影《姜子牙》以 16.02 亿元的成绩，位列全球票房榜的第 6 位。

北京移动游戏市场规模持续扩大。2020 年，北京移动游戏市场实际销售收入 894.29 亿元，比 2019 年增加了 178.6 亿元，同比增长 14.95%。

---

[1] 北京动漫游戏产业2020年总产值达1063亿元比2019年增长32%实现"十三五"期间动漫游戏产业产值翻倍[EB/OL].[2021-03-24].http://bj.mof.gov.cn/ztdd/czysjg/jyjl/202103/t20210324_3675356.htm.

[2] 北京动漫游戏产业2020年总产值达1063亿元比2019年增长32%实现"十三五"期间动漫游戏产业产值翻倍[EB/OL].[2021-03-24].http://bj.mof.gov.cn/ztdd/czysjg/jyjl/202103/t20210324_3675356.htm.

2020 年，北京移动游戏用户已达 508.1 万人，比 2019 年增长 16.6 万人。积极开拓海外市场是北京游戏产业一直以来的优势和特点。2020 年北京游戏出口产总值为 419.29 亿元，比 2019 年增长 30%，较之 2014 年的 42 亿元增长近 10 倍。北京企业自主研发的网络游戏产品覆盖了 100 多个国家和地区，在全球游戏市场占据重要位置。截至 2020 年 11 月，北京游戏备案数 178 个。伴随着泛娱乐 IP 时代的到来，动漫网游早已突破圈子，引爆消费群体基数更大的衍生品市场。"人人皆玩家，人人皆参与，人人皆创造"的逻辑，让潮玩产品更加贴近用户。"潮玩化"拓宽了 IP 商业维度，重新定义了卡通形象 IP 的价值。北京潮玩市场规模也不断扩大，2020 年产值达到 62.61 亿元，且头部企业业绩上佳。2020 年上半年，泡泡玛特总收益 8.178 亿元，比上年同期增长 50.0%，12 月 11 日，泡泡玛特在香港联合交易所挂牌上市；娱乐消费公司十二栋文化，基于移动互联网社交传媒环境，合作 70 余个主流平台，规模化聚合线上流量、沉淀粉丝效应，打造内容—产品—消费的闭环。[1]

二、北京动漫产业发展模式：创意与技术的结合

动漫产业是以"创意"为核心，以动画、漫画为表现形式，包含动漫图书、报刊、电影、电视、音像制品、舞台剧和基于现代信息传播技术手段的动漫新品种等动漫直接产品的开发、生产、出版、播出、演出和销售，以及生产和经营与动漫形象有关的服装、玩具、电子游戏等衍生产品的生产和经营的产业。[2]

动漫产业将抽象的文化直接转化为具有高度经济价值的产业，将知识

---

[1] 北京动漫游戏产业2020年总产值达1063亿元比2019年增长32%实现"十三五"期间动漫游戏产业产值翻倍[EB/OL].[2021-03-24].http://bj.mof.gov.cn/ztdd/czysjg/jyjl/202103/t20210324_3675356.htm.

[2] 国务院办公厅转发财政部等部门关于推动我国动漫产业发展若干意见的通知[EB/OL].[2006-04-25].https://www.chinafilm.gov.cn/chinafilm/contents/155/779.shtml.

的原创性与变化性融入具有丰富内涵的文化中，发挥出产业的功能，是一种利用知识与智能创造价值的过程。美国动漫产业的出口额超过微软公司的总收入，其中网络游戏收入超过好莱坞的总收入；动漫产业巨头迪士尼公司的盈利模式更是获得了令人咋舌的利润。

现代科技的迅猛发展给人类的文化生活带来了深刻的变革，动漫这一艺术形式自然也不可避免地受到影响。在科技不断创新的推动下，动漫呈现出愈发迷人的姿态。科技不断地为动漫的成长注入活力，甚至可以这么说，动漫艺术的发展史就是动漫技术的发展史。

同时不断更新变革的科技为动漫产业注入发展的动力，数字技术拓展了动画的表现领域，也使得传播方式更加迅捷和方便。传统动漫技术成本高、制作周期长，效率低下，许多好的创意不能很好地实现。因此当数字技术、网络媒体等高新技术手段介入动画之后，动漫制作向智能化转变。与传统手绘动画相比，计算机动画不仅能够摆脱繁重的手工操作流程，令产业化的大规模生产成为可能，更呈现出自己独特的表现风格。动画艺术最突出的特点是变形性和夸张性，计算机技术的使用为动画艺术增添了一个新的特点，即"仿真性"。利用三维技术，人们几乎可以获得与真实人物、背景相同的视觉感知。

科技的发展也为优秀动漫作品的制作开辟了一条快捷的技术道路，使动漫生产能够快速完成，从而释放出巨大的价值能量，促进产业链的建立，形成国际竞争优势。当下，结合互联网、无线技术、移动通信等高新科技，新媒体动漫这一崭新领域开始崛起，新媒体动漫需要的投资额更少，回报的周期更短。

"工欲善其事，必先利其器"，动漫产业技术密集型的特征决定了技术在动漫产品制作领域的重要地位。要想创作出具有自主知识产权和包含民族优秀文化元素的精品力作，动漫产业的高新技术支撑是关键。

就北京的游戏产业来说，北京地区聚集了很多业界的龙头企业，如完美世界、搜狐畅游等。对游戏来说，引擎作为其核心部件，往往可以直接影响到游戏成品的品质。业界主流的游戏引擎如 Cocos2d-x、Unity3d 等，Cocos2d-x 是全球知名的开源跨平台引擎，是完全开源并且可扩展的，可以支持很多开发工具，主要是 2D 方向。如 2014 年大热的《刀塔传奇》就是用 Cocos2d-x 在 C++ 层面实现的。Unity3D 是很多 3D 游戏的首选，如《捕鱼达人》采用的就是 Unity3D 引擎。此外，Unity 官方有 30 天免费试用版，免费版可以实现部分基础功能。二者的盈利模式有着本质的不同，Cocos 作为一款开源引擎，主要是通过广告来盈利，Unity 则主要是通过出售版权来盈利。

三、北京动漫产业发展建议

北京的动漫产业在充分发挥北京的智力、市场、技术、文化等资源优势的基础上，通过政府出台的产业政策吸引各地动漫资源的集中，提升了产业的整体水平。可以说北京动漫产业的发展过程中，政府及政策起到了主导性作用。

动漫产业园区的建立能够有效形成产业集聚的效应，北京拥有多个国家级动漫产业基地，同时北京市下辖的各区县也积极发展区域性的产业集聚区。国家、北京市和各区县、园区出台的不同层面的政策构成了北京的动漫产业政策体系，结合北京的区位优势，本应大大提升产业的发展水平，但实际的发展情况却不尽如人意，政府的巨大投入并没有换回相应的品牌效应。动漫产量呈下滑趋势，动漫企业也纷纷转移到外地，主要是因为：

1. 财政税收政策

相关政策力度加大，但是落实、细化的程度不够。首先是政策标准不清，各级政策中都有资金扶持这一项，但是具体如何实施并不规范。其次是落实力度不大，部分企业表示很难真正享受到政策给予的优惠。同时，北京的扶持力度与其他地方相比，根本没有优势。近年来，全国很多地方的扶持力度持续加大，这一点是比较吸引原创企业的。

2. 园区的补贴政策

很多企业并不愿意入驻产业园区，因为虽然减免了部分房租费用，但是其他费用相加起来依然是笔不小的开支，而且与其他地方相比，补贴的力度不足，这些都严重挫伤了企业入驻园区的积极性。

3. 播出奖励政策

除了与外地相比奖励的力度不大之外，还有政策扶持偏向的问题。为了争取各种播出奖励，很多企业直接针对相关规定制作动画，这样对那些真正从事原创生产的企业造成了极大的压力。[1]

各层次的标准不一，而且办事程序烦琐，效率不高，致使很多人选择到环境相对宽松的其他地方发展。创意作为动漫产业的核心内容，最重要的就是人才的培养，然而人才的大量流失，导致创意源头的缺失。

针对于此，应该要从以下几个方面入手进行改善：

1. 政府职能的转变

通过行政立法和执法，营造一个良好的产业环境；对产业发展的调控则交由市场的竞争机制。

2. 落实优惠政策，打造动漫游戏业孵化平台

很多优惠政策，是针对有一定资质的企业，很多小微企业因为资质、规模的原因并不能很好地享受这些政策，但是它们确实是最需要扶持和帮助的企业。可以设立小微企业孵化平台，整合各方面的优惠政策和资源，并对小微企业进行调查和分析，对那些有发展潜质的企业进行帮扶。

3. 搭建专业的行业对接平台

动漫产业链各个环节的联合协作有待加强，从创意的源头到产品的制作再到进入市场之后的运营维护，如果由专业的对接平台来沟通各个环节，并进行维护，可以使产业链上下游有效沟通，从而促进产业链的良好运行。此外，动漫产业想要做大做强，光靠政策的扶持和补贴不是长久之计，如果能够有效地吸收民间和外来资本，鼓励其他产业资金进入动漫行业，能有效缓解资金方面的压力。

---

[1] 刘斌.北京动漫产业政策实施效果与评价[J].现代传播,2013,35(1):100-104.

4. 强化人才的培养

产业的发展离不开人才，创意的源头来自人才。依托北京强大的教育资源，大力培养高层次的复合型创意人才。同时由于人才培养的周期比较长，这就需要在人才的保护上进行加强，如在待遇、生活环境等方面可以给予适当照顾，避免人才的流失。

北京数字公共文化服务的典型案例：

1. "数字文化社区"工程

"数字文化社区"工程是北京市文化局公共文化服务十大惠民工程之一，这项工作被列入 2012 年市政府为百姓办的 35 件实事中。

"数字文化社区"与传统图书馆最大的区别在于"数字"和"网络"的运用。

数字文化社区工程建设，将现有的有线电视线路引入街道社区文化站，依托高清交互平台，结合互联网无线技术，创建多媒体、跨平台、多终端的文化信息资源共享平台。信息化、数字化资源的运用，实现了文化资源内容、传载管道、接受环境等方面的创新，通过大力推进文化创新，可以不断提升公共文化服务水平。

它的建立将使只能通过图书馆系统才能查阅到的文化信息资源和只能在剧院内看到的演出，借助"数字文化社区"这一新兴公共文化服务平台得到更加广泛的传播。让更多的人民大众在身边的社区文化中心，就能便捷地享有传统与现代技术结合的文化生活，享受全新的信息时代数字精神文化生活方式。

北京市公共文化服务体系的建设，一直被文化和旅游部高度关注和支持。北京市文化局启动的"数字文化社区"建设工作从项目设计到实施都做到了统筹兼顾，起点高，成本低，服务实，对全国文化中心起到了示范和带动作用。

2. "老北京动起来"

2010 年上海世博会中国馆的"《清明上河图》动起来",震惊海内外。同时也让更多的外国友人知道了中国文化,深刻理解了中国古代文化的古老韵味和博大精深。"老北京动起来"采用与"《清明上河图》动起来"同样的制作团队、同样的制作方式以及更加高超的制作技术,不仅带给观众更加震撼的参观效果,而且还会有更加丰富的展示内容。"老北京动起来"的主题是"看老北京,爱新北京"。以王大观创作的展现 20 世纪 30 年代老北京风貌为主,有"老北京的《清明上河图》"之称的《旧京环顾图》为制作蓝本,借鉴《清明上河图》的数字化展览形式,以 228 米长、3 米高的巨大屏幕展示给观众。京味十足的音响效果,带给观众耳目一新的震撼感受,活灵活现,表情生动自然,让观众有种身临其境、融入其中的感觉。

按照习近平总书记让文物活起来的指示精神,将北京文化与高科技融合让"老北京动起来"。"老北京动起来"数字展览,运用了数字化技术,集合了声音、图像、文字、虚拟现实、影视动画等表现方法,打破时空界限,从多角度整合信息,让文化遗产的信息更直观、真实地呈现给观众。数字立体动态复原,不是对过往画卷的描红,也不是现代数字技术的堆砌,而是历史传承的载体。展览以动作捕捉技术记录人体动作,并将其转换为数字模式;以 CG 动画复原的形式,数字化技术的应用,在遵照史实、剧情发展的情况下,让观众从故事情节、角色设计中体验老北京。在这幅古色古香的画卷里,为观众演绎一场充满故事性、趣味性、创新性的流动故事盛宴。"老北京动起来"展现了文化与科技融合,数字化在文化艺术展示中的重要作用,短短一个月的时间就超过 7 万游客前往参观。

3. 数字化博物馆

随着互联网、大数据时代的到来,文化与科技的联系日益紧密,数字博物馆便是文化与科技充分融合的经典实例。数字博物馆成为博物馆发展新趋势,借助虚拟现实、三维图像、声音、超文本链接等途径,弥补文物实体因受到条件限制而不能经常更换或展出的缺陷。北京作为科技创新中心，积极探索博物馆数字化建设。数字化博物馆建设也取得了斐然的成绩，如：纪念 2008 年北京奥运会的"北京 08 数字博物馆"、中国国家博物馆的"掌上国博"、故宫博物院的"360 紫禁城全景虚拟漫游"、中国地质博物馆的"虚拟展厅"、中国美术馆的"数字美术馆"、首都博物馆的"首都博物馆网上体验馆"等。

北京市展开的众多文化科技融合实践已经表明，文化与科技的融合，赋予传统文化以新的生命力。数字博物院、数字图书馆、数字美术馆等公共文化设施的数字化发展使静态的文化"活"了起来，并借助以电子技术、信息技术、网络技术和数字技术为核心的文化传播方式，将这种"活文化"推向世界，为人们带来了公共文化服务的新体验。

北京近几年在公共文化服务中的文化与科技融合方面，确实取得了一些有目共睹的成绩，但是也存在一些亟须解决和不容忽视的问题：

1. 建设资金不足

公共图书馆、博物馆、美术馆、文化馆等公共文化服务设施，经费多为国家支持，部分设施有少量的门票收入来源。虽然国家在公共文化服务方面不断加大经费力度，但一般多以实物形式配给，直接拨付资金相对少，经费的增长不能满足实际需求，不仅文献购置经费增长缓慢，而且员工的工资待遇低。

2. 重建设轻管理

近年来北京公共文化服务场馆建设数量越来越大，建设规模越来越宏大，导致经费短缺或者不能运营到后续资金投入，场馆已"奄奄一息"。没有资金进行日常的运营管理、设备维护更新、文献和藏品购置，使场馆不能充分发挥其特有的价值，影响了服务水平的提升。

3. 设施分布不均衡

北京公共文化设施分布有以下特征：北城相对密集，南城相对稀疏；三环内相对密集，三环外相对稀疏；核心城区相对密集，远郊区县相对稀疏。目前在北京能够达到如此程度的公共文化服务水平的，只有个别实力雄厚的区。所以北京市公共文化服务设施存在分布不均衡的问题。

为了更好地实现北京公共文化服务文化与科技的融合发展，笔者提出以下3点建议：

1.设立文化科技组织机构

建设新型文化科技研究机构。加大软科学研究投入，并依托有基础的单位成立公共文化服务领域文化科技融合研究中心，促进跨学科研究合作。建立科技创新、应用相关部门，提升公共文化服务领域的科技服务能力。

2.提供跨越行业界限的交流平台

公共文化服务领域的文化与科技融合，需要不同部门、学科之间的交叉、碰撞、沟通和融合。政府相关主管部门应该提供一个跨越行业界限，相互交流的平台，促进民间社团定期举行多层次、跨行业的文化科技交流活动，激发创新思维。

3.完善人才培养机制，建设复合型人才高地

公共文化服务领域中的文化与科技融合复合型人才是关键。可以充分利用北京高校的优势，培育一批既有实践经验又有理论知识的、能满足公共文化服务领域文化科技融合服务需求的创新型人才。

附录3 首都文化科技产业展示交易平台调查问卷

（1）企业调查问卷

中国文化科技创新博览会可行性研究
调查问卷

机构／企业名称：_____

1. 您觉得您的企业目前最需要的资源与支持是：

☐（1）公共交流平台　　　　　☐（2）企业中介服务

☐（3）金融支持　　　　　　　☐（4）人才支持

☐（5）法律和税收等政策支持

2. 您的企业在最近两年是否参加过展会类的活动：

☐（1）北京文博会　　　　　　☐（2）北京科博会

☐（3）深圳文博会

☐（4）其他：_____（以上回答请跳到第3题）

☐（5）都没参加过（请跳到第7题）

3. 您的企业参加过几次展会：

☐（1）一次　　　　　　　　　☐（2）两次

☐（3）三次以上

4. 您的企业选择参加展会会考虑哪些因素：

☐（1）举办时间　　　　　　　☐（2）举办地点

☐（3）展位价格　　　　　　　☐（4）参展商

☐（5）宣传力度　　　　　　　☐（6）观众来源

☐（7）其他：_____

5. 对参加展会的期望是：

☐（1）获得政府或管理机构的关注　☐（2）获得媒体关注

☐（3）进行更多的行业交流　　　　☐（4）带来直接客户

□（5）其他：_____

6.您对所参加展会的评价是（1~5分，5分为很满意，1分为不满意，中间依次递增）

序 号	问 题	分 数				
		1	2	3	4	5
1	对所参加展会的主办方组织评价如何					
2	对所参加展会的服务评价如何					
3	对所参加展会的环境评价如何					
4	对所参加展会的论坛等配套活动的评价如何					
5	对所参加展会的企业规格评价如何					
6	对所参加展会的媒体关注度评价如何					
7	对所参加展会的人流量评价如何					
8	对所参加展会的观众层次评价如何					
9	对所参加展会带来的参展效果评价如何					

7.如果您的企业受邀参加中国文化科技创新博览会（文科会），您最希望展会上来的是什么人群：

□（1）潜在合作方　　　　　　□（2）文化科技跨界型管理人才
□（3）文化科技跨界创新型人才　□（4）企业中介服务方
□（5）其他：_____

8.如果举办中国文化科技创新博览会（文科会），您对场地的要求主要是：（可多选）

□（1）交通方便　　　　　　　□（2）租金便宜
□（3）人气旺　　　　　　　　□（4）其他：_____

9. 您希望参加展会的展位面积是：

☐（1）10 平方米以下　　　　☐（2）10 平方米 ~30 平方米

☐（3）30 平方米 ~50 平方米　　☐（4）50 平方米以上

10. 您希望参展期间有其他配套活动吗：

☐（1）是　☐（2）否

您希望有哪些配套活动：

☐（1）论坛或研讨会　　　　☐（2）展览

☐（3）产品推介会　　　　　☐（4）大赛

☐（5）其他：_____

11. 您最希望您所参加的展会用什么方式进行宣传：

☐（1）户外广告　　　　　☐（2）报纸杂志

☐（3）广播电视　　　　　☐（4）网络平台

☐（5）其他：_____

12. 如果举办中国文化科技创新博览会（文科会），您希望的举办频率是：

☐（1）一年一次　　　　　☐（2）两年一次

☐（3）其他：_____

13. 您希望展会的主办方有何种会后服务：

☐（1）参展商通讯录　　　　☐（2）参展商简介资料

☐（3）展会效果总结　　　　☐（4）以上都需要

☐（5）其他：_____

企业信息：

1. 贵公司成立时间：

☐（1）1 年以内　　　　　☐（2）1 年到 3 年

☐（3）3 年到 10 年　　　　☐（4）10 年以上

2. 贵公司性质：

☐（1）外商独资企业　　　　☐（2）中外合资企业

□（3）国有企业 □（4）民营企业

3. 贵公司目前在职人数：

□（1）20 人以内 □（2）20~50 人

□（3）50~100 人 □（4）100~200 人

□（5）200~1000 人 □（6）1000 人以上

4. 贵公司所在行业：

□（1）新闻出版 □（2）广播影视

□（3）信息传输 □（4）广告设计

□（5）休闲娱乐 □（6）工艺美术

□（7）会展中介 □（8）文化用品

□（9）设备制造 □（10）其他：_____

（2）社会人群调查问卷

中国文化科技创新博览会可行性研究
调查问卷

1. 您平时会去以下展会参观吗：

□（1）北京文博会 □（2）北京科博会

□（3）深圳文博会 □（4）都没参加过

□（5）其他：_____

2. 您是通过何种渠道了解展会的：

□（1）朋友介绍 □（2）电视广播

□（3）宣传单 □（4）网络

□（5）其他：_____

3. 您对所参加展会的评价是（1~5分，5分为很满意，1分为不满意，中间依次递增）

序 号	问 题	分 数				
		1	2	3	4	5
1	对所参加展会的主办方组织评价如何					
2	对所参加展会的环境评价如何					
3	对所参加展会的论坛等配套活动的评价如何					
4	对所参加展会的企业规格评价如何					
5	对所参加展会的媒体关注度评价如何					
6	对所参加展会的个人体验评价如何					

4. 您去展会参观的目的是：

☐（1）个人工作/生活/学习需求　　☐（2）朋友邀约

☐（3）个人爱好　　☐（4）其他：_____

5. 您去参加展会最看重的因素是：

☐（1）交通便利　　☐（2）展会信息量

☐（3）展示内容好玩　　☐（4）其他：_____

6. 您一般会在展会上停留多长时间：

☐（1）1个小时以内　　☐（2）1个到2个小时

☐（3）2个小时到3个小时　　☐（4）3个小时以上

☐（5）取决于展会产品丰富程度

7. 您比较喜欢以下哪一类展示方式的展览：

☐（1）贸易类   ☐（2）产品展示类

☐（3）Fair（集会与庙会相结合）   ☐（4）展示与交流活动相结合

☐（5）展示与体验互动相结合   ☐（6）其他：_____

8. 对于展示与体验互动结合的展览，您认为展示区与互动区应该设立在一起吗：

☐（1）应该   ☐（2）不应该

☐（3）无所谓

9. 您在展会上是否有过消费：

☐（1）是   ☐（2）否

10. 如果举办中国文化科技创新博览会（文科会），您最希望在该展会上看到什么样的展示：_____

11. 如果举办中国文化科技创新博览会（文科会），您最希望看到哪些企业参会：_____

个人信息：

年龄：_____所在行业：_____

社会身份自我界定：

☐（1）学生   ☐（2）普通市民

☐（3）技术等专业人员   ☐（4）市场等业务人员

☐（5）行政等管理人员   ☐（6）其他_____

性别：☐男   ☐女

年龄段：☐（1）12周岁至18周岁

            ☐（2）18周岁至44周岁

            ☐（3）45周岁至59周岁

            ☐（4）60周岁以上

图书在版编目（CIP）数据

协同创新：首都文化科技融合发展模式 / 许立勇编著 . —— 北京：红旗出版社，2023.3
　ISBN 978-7-5051-5042-3

　Ⅰ . ①协… Ⅱ . ①许… Ⅲ . ①地方文化—文化事业—技术革新—研究—北京 Ⅳ . ① G127.1

中国版本图书馆 CIP 数据核字（2022）第 205195 号

书　　名	协同创新：首都文化科技融合发展模式
编　　著	许立勇

责任编辑	任奕遥	责任印务	金　硕
责任校对	马瑞霞		
出版发行	红旗出版社		
地　　址	北京市沙滩北街2号	邮政编码	100727
	杭州市体育场路178号	邮政编码	310039
编辑部	0571-85310198	发 行 部	0571-85311330
E－mail	renyy0301@163.com		
法律顾问	北京盈科(杭州)律师事务所　钱　航　董　晓		
图文排版	浙江新华图文制作有限公司		
印　　刷	北京画中画印刷有限公司		
开　　本	710 毫米 ×1000 毫米		1/16
字　　数	156 千字	印　张	11.25
版　　次	2023 年 3 月第 1 版	印　次	2023 年 3 月第 1 次印刷
ISBN 978 - 7 - 5051 - 5042 - 3		定　价	58.00 元